이 교재는 성도들이 서로 배우고 가르치는 1:1 혹은 1:2 교육용으로 제작되었습니다. 하지만 교회의 형편에 따라 5명 이하의 소그룹 교재로 사용해도 손색이 없습니다. 많은 양의 내용을 빠른 시간 내에 끝내는 것보다 하나라도 확실히 자기 것으로 만드는 것이 중요합니다. 그러므로 같은 교재를 가지고도 가르치는 자와 가르침을 받는 자의 기질과 영적 상태, 주어진 시간과 상황 등에 따라서 학습 진도를 유연하게 조절하는 것이 좋습니다.

어떤 교재도 완전하지 않습니다. 이 교재의 부족한 점들은 전적으로 저의 책임입니다. 저와 함께 이 교재를 위해서 혼신의 힘을 다한 원영주 목사와 새로운교회 교역자들로 구성된 CES 편집팀에게 진심으로 감사를 드리며, 이 교재를 디자인하고 출판해준 규장 출판사 식구들에게 고마움을 표시하고 싶습니다.

이 교재로 공부하는 모든 분들이 강하고 담대한 그리스도의 군사로 우뚝 서기를 소망합니다.

2014년 6월

한홍 목사 드림

CES
커리큘럼

기독교 에센스(CES, Christianity Essence School) 양육 과정의 원리와 실제

① 기독교 에센스(CES) 양육이란?

CES(Christianity Essence School) 양육이란 양육 인도자인 멘토(mentor)와 양육 대상자인 멘티(mentee)가 1:1 또는 1:2로 만나서 기독교 기초 교리를 공부하며, 말씀을 기반으로 삶을 나누는 과정이다. 이 과정을 통해 성도들의 탄탄한 영적 성장과 성도 간의 활발한 교제 그리고 평신도 말씀 사역자의 배출을 기대할 수 있다.

② 왜 CES 양육을 받아야 하는가?

1) 진리와 비진리의 구별을 가능하게 한다.

기독교 기초 교리를 배움으로써 진리와 비진리를 구별할 수 있게 한다. 또한 심화된 양육 프로그램을 위한 기본적 지식을 갖추게 한다.

2) 성도의 삶에 변화를 가져온다.

1:1 또는 1:2의 만남으로 이루어진 CES 양육은 높은 집중력과 뛰어난 전달력으로 삶에 분명한 변화를 가져오며, 그 변화를 교회가 정확히 파악할 수 있다.

3) 영적 성장을 이루게 한다.

멘토와 멘티 모두의 지속적인 영적 성장이 가능하다. 멘토의 거룩한 부담감은 끊임없는 영적 전진을 이루는 동시에 양육을 통한 만족을 얻게 한다. 동시에 보살핌과 관심을 받는 멘티는 영적 회복을 통해 또 다른 멘토로서의 성장을 이루어가게 된다. 이는 공동체와 교회의 건강한 부흥으로 자연스럽게 연결된다.

③ 어떻게 양육 받을 것인가?

1) 만남

멘토와 멘티는 CES 양육을 위하여 총 12주간 매주 1회의 만남을 갖는다
(최대 16주를 넘기지 않도록 한다). 1회의 만남은 2,3시간으로 하는 것이 적절
하다.

2) 마음가짐

멘티는 멘토의 인도와 가르침에 순종하며 양육기간 동안 모든 만남의 시
간에 성실하게 참여하기로 다짐한다. 또한 기도로 준비하며, 멘토와 만나
기 전에 충분히 예습해둔다.

3) 영적 자세

멘티는 모든 것을 새롭게 배운다는 자세를 가지고 모든 과정에서 열린 마
음으로 겸손하게 배우기를 힘쓴다.

4) 멘티의 위치

멘티는 멘토로부터 주님을 배우는 사람이다. 멘토를 통해 기독교 기초 교
리의 지식을 알게 될 뿐 아니라, 알게 된 신앙 지식을 실제 삶에 구체적으
로 적용하도록 노력한다.

NOTES

Christianity Essence School

원죄

창세기 3장 6절

여자가 그 나무를 본즉 먹음직도 하고 보암직도 하고
지혜롭게 할 만큼 탐스럽기도 한 나무인지라
여자가 그 열매를 따먹고 자기와 함께 있는 남편에게도 주매 그도 먹은지라

LESSON 1

원죄
Original Sin

LESSON 1

마음 문을 열면서

인류가 살아온 역사 속에서 "인간은 태어날 때부터 악하다"라는 주장과 "인간은 선하게 태어났으나 점점 악해진다"라는 주장이 대립되어왔습니다. 당신은 어느 쪽이 옳다고 생각하나요?

에센스로 들어가기

아직 기독교 신앙이 없는 분들이나 처음 기독교 신앙을 갖기 시작한 사람들이 가장 많이 하는 질문은 "왜 교회는 사람들을 죄인이라고 하는가?"입니다. 타인에게 심각한 해를 입히지 않으며 일반적인 삶을 살아

온 사람들에게는 당연한 질문일 수 있습니다. 그렇다면 이 질문에 대하여 성경은 무엇이라고 대답하는지 살펴보도록 하겠습니다.

1. 원죄의 증거

(롬 3:10)

기독교는 모든 사람들이 '죄성'을 가지고 태어난다고 말합니다. 이것을 '원죄'(Original Sin)라고 합니다. 하나님께서 세상을 창조하셨을 때 에덴동산은 죄가 존재하지 않는 완벽한 곳이었습니다. 그러나 여자와 아담이 에덴동산 중앙에 있는 선악을 알게 하는 나무의 열매를 먹는 순간 인류에 죄가 들어오게 되었습니다.

이 원죄는 아담의 후손들에게도 전가되었습니다. 그리고 수천 년의 세월이 지나 오늘을 살아가는 우리도 원죄의 문제를 가지고 태어나게 된다고 성경은 말하고 있습니다. 성경은 사람이 태어나면서부터 죄성을 가지고 있다고 보는 것입니다.

1) 사회적인 증거

사람은 가르쳐주지 않아도 나쁜 일을 너무나 잘합니다. 가르쳐줘야 하는 것은 선한 일입니다. 이는 사람들 안에 '죄성'이 있음을 증명해주는 것입니다.

2) 개인적인 증거

우리 안에 있는 죄성의 가장 큰 증거는 '자기중심주의'입니다. 사람들 안에 본능적으로 자리잡고 있는 것이 바로 자기중심주의, 즉 █████████ 입니다. 이러한 증거들은 기독교에서 말하는 대로, 사람이 태어날 때부터 죄성을 가지고 있음을 증명해줍니다.

사람은 본질적으로 육체의 욕심을 따라 육체가 원하는 것을 하는 '진노의 자녀'입니다.

2. 죄의 두 가지 유형

성경은 우리가 본래 '죄의 종'이었다고 말합니다. 여기에서 말하는 죄는 무엇을 의미할까요?
죄는 크게 두 가지 유형으로 이해할 수 있습니다.

1) 근본적인 죄

근본적인 죄란 사람들의 중심에 자리잡고 있는 보이지 않는 죄의 본질적인 상태를 의미합니다. 곧 우리 인간 속에 있는 원죄를 의미합니다.

2) 죄의 행위들

근본적인 죄로 인해 실제 삶 속에서 저지르게 되는 죄들을 의미합니다.

QUESTION

적용 질문

죄의 행위들에는 어떤 것들이 있을지 생각해보고 나눠주십시오.

많은 사람들이 이 죄의 행위들만을 생각하며 죄의 문제를 말합니다. 하지만, 이러한 죄의 행위들을 만드는 실제적인 원인은 '근본적인 죄', 바로 '원죄'에 있습니다.

3. 선악과 사건

원죄는 아담과 여자가 에덴동산의 중앙에 위치한 선악을 알게 하는 나무의 열매를 먹음으로 인해 시작되었습니다.
성경을 펴고 창세기 3장 1-24절을 읽어보십시오.

말씀을 읽으셨으면 이제 선악과를 먹게 된 과정을 함께 나누어 보겠습니다.

QUESTION

적용 질문

선악과 사건을 통하여 근본적으로 어떤 문제가 일어나게 되었을까요?

하나님께서는 우리를 자유로운 하나님의 자녀로 지으셨는데, 아담과 여자의 선악과 사건으로 인해 인류에 들어온 죄가 사람들을 사탄의 노예로 전락시켜버렸습니다.

(호 6:7)

4. 선악과 사건에 대한 의문들

선악과 사건을 이해하기 위해서는 다음과 같은 내용들을 명확히 이해해야 합니다.

당신은 선악과 사건에 대해 어떤 의문들을 가지고 있나요?

1) 자유의지를 주신 이유

하나님께서는 사람을 창조주 하나님의 의도만을 구조건적으로 따르는 피조물로 만드신 것이 아니라, 하나님을 스스로 만나고 믿고 따르는 것을 선택하는 '의지'를 지닌 존재로 창조하셨습니다. 이것을 '자유의지'(Free Will)라고 합니다. 그런데 인간은 이 자유의지를 하나님을 거역하는 데 사용했습니다.

그렇다면 하나님께서는 왜 사람에게 자유의지를 주셨을까요? 전지전능하신 하나님께서는 사람이 하나님을 거역할 것을 모르셨을까요? 그럼에도 사람에게 자유의지를 주신 이유는 무엇일까요?

① 사랑하시기 때문에

하나님께서 엄청난 위험부담을 감수하시고 사람에게 자유의지를 주신 것은 사람을 사랑하시기 때문입니다.

② 인격체로 대우하셨기 때문에

하나님께서 사람에게 자유의지를 주신 것은 사람을 인격체로 대우하셨기 때문입니다. 사람은 하나님의 형상을 닮아 창조되었습니다. 이는 하나님 안에 있는 인격이 사람 안에도 있다는 뜻입니다. 인격체의 가장 큰 특징은   를 가지고 있는 것입니다.

2) 선악을 알게 하는 나무를 두신 이유

당신은 하나님께서 에덴동산의 중앙에 선악을 알게 하는 나무를 두신 이유가 무엇이라고 생각합니까? 하나님과 사람의 경계를 구분하시기 위함이었습니다.

에덴동산에서 인간은 불사(不死)의 존재였습니다. 생명나무가 맺는 열매는 먹을 수 있었기 때문입니다. 또한, 하나님께서는 날마다 에덴 동산에서 인간과 함께 거니시며 친구처럼 연인처럼 교제하셨습니다. 그러다 보니 피조물과 창조주의 구분이 모호해졌습니다. 이러한 창조주와 피조물의 경계를 구분하는 유일한 장치, 최소한의 장치가 바로 선악과였습니다.

5. 인류 대표선수 아담

(롬 5:12)

이 성경 말씀에서 말하는 한 사람은 바로   을 의미합니다.

아담 한 사람이 죄를 범한 결과, 그에게서 태어난 모든 인류가 죄인이 되었습니다.

우리가 지은 죄도 아닌데, 왜 우리가 아담과 함께 죄인이 되어야 하는 걸까요?

6. 인류 대표선수 예수 그리스도

인류의 모든 문제가 바로   에서 파생했습니다.
죄의 행위들은 사람의 노력으로 어느 정도 절제할 수 있지만, 100퍼센트 완벽하게 해결할 수는 없습니다.

(창 3:15)

훗날 사탄의 머리를 상하게 할 '여자의 후손'은   를 가리킵니다. "발꿈치를 상하게 한다"는 것은   을 의미하고, 여자의 후손이 뱀의 머리를 상하게 한다는 것은 부활하신 주님이 사탄의 세력에 치명타를 가한다는 것을 의미합니다. 승패는 이미 끝난 것입니다.

(고전 15:22)

아담이 원죄를 가져온 인류의 대표선수라면, 예수님은 구원의 문제를 해결해주시는 인류의 대표선수가 되어주셨습니다.
우리는 사람의 힘과 노력으로는 결코 해결할 수 없는 '원죄'의 문제를 해결할 수 있는 유일한 길이 예수님과 예수님의 십자가 사건에 있다는 사실을 잊지 말아야 합니다.

성경은 구원을 다루기 전에 항상 죄의 문제를 다룹니다. 자신이 얼마나 큰 죄인인지를 정확히 알아야 우리를 구원하신 예수 그리스도의 십자가의 죽음과 부활하신 사건이 주는 은혜를 온전히 경험하게 됩니다. 세상의 치명적인 유혹 앞에 무릎을 꿇었던 아담과 여자의 연약함이 우리 안에도 있습니다. 그러나, 죄로 죽을 수밖에 없는 우리를 구원해주신 예수 그리스도의 사랑으로 우리는 다시 살아나게 되었습니다. 그 은혜를 평생 감사하고 살면서, 날마다 십자가 은혜로 세상의 유혹과 시험을 이기며 살아가야 할 것입니다.

QUESTION

적용 질문

창세기 3장 8-12절을 보면 아담은 범죄한 후 하나님을 피하여 숨는가 하면 핑계를 대며 자신의 잘못을 부인합니다. 당신의 삶 가운데도 아담과 같은 태도를 취하는 죄된 습성이 있다면 나눠주십시오.

1과 암송 구절

한 사람이 순종하지 아니함으로
많은 사람이 죄인 된 것같이
한 사람이 순종하심으로 많은 사람이 의인이 되리라
로마서 5장 19절

아담 안에서 모든 사람이 죽은 것 같이
그리스도 안에서 모든 사람이 삶을 얻으리라
고린도전서 15장 22절

죄의 시작과 심판

기독교는 모든 사람이 '죄성'을 가지고 태어난다고 말합니다. 이 근본적인 죄(원죄)의 시작은 인류의 대표선수인 아담으로부터 시작되었습니다. 사탄은 하나님의 말씀을 왜곡시키고 사람으로 하여금 하나님의 성품을 의심하게 만들었습니다. 인간은 죄를 향한 틈을 보였고 결국 하나님의 명령에 불순종하고 말았습니다. 인간은 원죄로 인해 실제 삶 속에서 지엽적인 죄를 지으며 더럽혀졌습니다. 그 결과 죄와 양립하실 수 없는 거룩하신 하나님과 함께할 수 없게 되었습니다. 이 죄의 심각성 때문에 예수님이 십자가를 지셔야 했습니다.

선악과 사건에 대한 의문

하나님은 왜 선악과를 만드셨을까요? 엄청난 위험부담을 감수하시고 선악과를 만드신 것은 인간에게 자유의지를 주기 위해서였습니다. 사랑하기 때문에 인격체로 대우하시며 구속하지 않고 자유를 주신 것입니다. 하나님은 인간이 순수한 자신의 의지로 하나님을 사랑하기 원하셨습니다. 또한 피조물과 창조주를 구별하는 최소한의 장치가 선악과였습니다. 하나님은 우리를 연인처럼 여겨주시지만 결코 인간이 함부로 대해서는 안 되는 우리 인생의 주인, 만왕의 왕이십니다.

죄 문제의 해결

죄 문제는 인간이 스스로 해결할 수 없습니다. 그래서 하나님이 큰 대가를 치르며 독생자 아들 예수 그리스도를 여자의 후손으로 이 세상에 태어나게 하여 죄에 빠져 신음하는 인류를 구원할 계획을 세우셨습니다(창 3:15 참조). 에덴동산에서 쫓겨나는 아담과 하와에게 하나님은 가죽옷을 입혀주시며 인간의 수치를 가려주셨습니다. 짐승의 피를 흘려야만 얻는 이 옷에는 훗날 예수 그리스도의 보혈로 인간의 죄를 덮어주시겠다는 하나님의 사랑이 담겨 있습니다.

구원

빌립보서 1장 6절

너희 안에서 착한 일을 시작하신 이가
그리스도 예수의 날까지 이루실 줄을 우리는 확신하노라

LESSON 2

구원 Salvation

 **마음 문을 열면서**

당신이 처음 주님께로 나아오게 된 계기는 무엇이었나요?

____

____

____

____

____

에센스로 들어가기

구원은 기독교 신앙의 기본 문제입니다. 그런데 교회를 오랫동안 다닌 사람들도 자신이 구원을 받았는지 못 받았는지에 대해 확신하지 못하는 경우가 많습니다. 이런 경우를 구원의 확신이 없다고 합니다. 또한 구원의 확신이 있어도 구원받는다는 것이 정확하게 무엇을 의미하는지 설명해보라고 하면 난색을 표하는 경우가 대부분입니다.

이 과에서는 많은 사람들이 혼동하는 구원의 정확한 의미에 대해 다루어보도록 하겠습니다.

구원은 크게 세 가지로 나누어 정의할 수 있습니다.

과거와 현재 그리고 미래의 관점에서 칭의, 성화, 영화로 이해할 수 있습니다. 이 세 가지 의미가 함축된 성경구절이 바로 빌립보서 1장 6절입니다.

"너희 안에서 착한 일을 시작하신 이가 그리스도 예수의 날까지 이루실 줄을 우리는 확신하노라." 이 말씀에서 "너희 안에서 시작하신 착한 일"은 바로 우리를 죄에서 구원하신 칭의를 말하는 것입니다.

1. 칭의

칭의란 우리가 '받은 구원'(Salvation Past)으로, 하나님께서 우리를 의롭다 여기며 구원해주시는 것입니다. 우리가 구원을 받기 이전에는 하나님과 관계가 깨어진 상태였습니다.

1) 하나님과 깨어진 관계

(롬 3:23)

아담과 하와의 선악과 범죄 사건 이후 모든 인간은 죄의 노예가 되었습니다. 죄는 확실한 값을 치러야만 해결됩니다. 그렇다면 죄의 노예로 살던 사람들이 어떻게 죄의 문제를 해결받을 수 있을까요?

2) 하나님과 깨어진 관계의 회복

(요 3:16)

구원은 철저하게 　　　　　　　　으로부터 시작되었습니다.

① 구원을 위한 하나님의 방법 : 속량

(롬 5:8)

죄는 확실한 값을 치러야 없어지는데 성경은 이러한 죄 용서를 　　　　　
이라고 말합니다.

> 속량(贖良, redemption)은 본래 노예를 몸값을 지불하여 산 뒤 해방시키는 것을
> 뜻하는 말입니다.

우리는 죄의 노예로 살다가 영원한 지옥으로 가게 되는 운명이었습니다.
그런데 예수님께서 죄인들을 위해 십자가에서 대신 죽으심으로 우리의
죗값을 지불하신 것입니다.

QUESTION
적용 질문
만약 당신은 죄인이 죄에 합당한 형량을 받지 않을 때 어떻게 반응하시겠
습니까?

예수 그리스도의 죽음만이 온 인류의 죄 문제를 해결하는 유일한 답입니다.

② 구원을 위한 사람의 반응 : 회개

(요일 1:8,9)

의 시작은 자신의 죄를 하나님의 눈으로 보는 것입니다.
　　　　　는 '변화되다', '돌이키다' 라는 뜻입니다. 　　　　　란 단순
히 미안하다는 감정이 아닙니다. 마음의 변화가 일어나 죄로부터 돌아서
고, 하나님께로 향하는 실질적 결단이 이루어져야만 올바른 　　　　　
입니다.

③ 구원을 위한 사람의 결단 : 영접

(요 1:12)

우리가 죄를 회개하고 예수님을 구주로 영접할 때, 주님의 보혈이 우리
의 죗값을 치르게 됩니다. 이것이 구원입니다.

구원을 받는 것은 우리가 착해서도 아니고, 선한 행위를 많이 해서도 아
닙니다. 하나님께서 우리를 의롭다고 칭해주셨기 때문입니다. 이것을 칭
의라고 하며, 이는 100퍼센트 하나님의 은혜로 주신 축복입니다.

믿음으로 하나님의 은혜를 받아들이면 우리는 즉시 하나님으로부터 의
롭다 여기심을 받는데, 이것이 바로 이신득의(以信得義, justification by faith),
'믿음에 의한 의롭다 하심'의 교리입니다. 우리는 오직 믿음으로, 오직
은혜로 구원받는 것입니다.

지금 당신은 구원의 확신이 있습니까? 만약 그렇지 않다면 바로 지금 예
수 그리스도를 통해 구원받기를 원합니까? 그런 분은 다음의 기도를 따
라 해주시기 바랍니다.

> 사랑의 주 예수님, 저는 이제까지 하나님을 떠나 살았습니다. 제가 죄인임을
> 인정합니다. 저는 주님을 믿고 싶습니다. 예수 그리스도께서 십자가에서 죽
> 으시고 부활하심으로 저의 모든 죄와 저주의 문제들을 해결해주신 것을 믿
> 습니다. 저를 구원하여 영원한 생명을 주신 예수님을 나의 구원자, 나의 주
> 인으로 모셔드립니다. 하나님을 저의 아버지로 인정합니다. 성령님, 이후로
> 제 안에 늘 계셔서 하나님이 기뻐하시는 자녀로 살아가도록 천국 가는 그날
> 까지 인도해주시옵소서. 예수 그리스도의 이름으로 기도합니다. 아멘.

3) 칭의로써의 구원의 결과

하나님의 전적인 은혜로 구원을 받은 사람에게는 어떤 일들이 일어날까요?

① 예수님을 경험함

(골 1:27)

구원을 받으면 주님의 풍성한 생명과 축복이 우리에게 부어집니다. 구원받기 이전에 외롭게 무거운 짐을 홀로 지고 가던 인생이었다면 구원받은 이후에는 주님께서 나의 짐을 지고 함께 동행하시는 기쁨을 누리게 됩니다.
이처럼 구원받은 자는 삶의 영역에서 실제적으로 주님의 사랑과 평강을 경험하는 복을 누리게 됩니다.

② 죄에서 용서받음

(엡 1:7)

우리가 받은 구원은 우리의 행위나 선함을 통해 얻은 것이 아니라 하나님의 독생자 예수 그리스도의 보혈로 죄값을 치러주신 것입니다. 이 사실을 통해 죄 사함을 받았다는 자유를 누릴 수 있게 됩니다.

첫째, 죄 사함은 완전한 용서를 말합니다.
둘째, 죄 사함은 죄의 권세로부터의 해방을 뜻합니다.

③ 영원한 생명을 얻음

(요 5:24)

하나님이 주신 구원은 죄 용서함을 받고 영접하는 순간 우리에게 주어지는 즉각적이고 완전한 구원입니다. 하나님이 주신 구원은 완전한 구원입니다.

하나님께서 이 구원을 보장하신다는 뜻으로 성령으로 '인'(印: seal)을 쳐 주셨습니다.

(엡 1:14)

하나님은 한 번 구원하신 하나님의 자녀를 천국 가는 날까지 끝까지 책임지시고 지키십니다.

④ 하나님의 자녀로 살아감

(요 1:12)

우리가 구원을 받으면 하나님의 자녀가 됩니다. 그 무엇으로도 결코 끊어질 수 없는 특별한 관계가 된다는 의미입니다. 하나님의 부요함과 능력이 자녀 된 우리의 것이 됩니다.

구원받은 사람들은 모든 죄를 용서함 받고 삶 속에서 날마다 하늘의 축복을 누리면서 살게 됩니다. 이 모든 구원의 결과들 역시 우리의 연약함이나 실수 때문에 잃거나 빼앗기지 않습니다.

QUESTION
적용 질문

하나님께서 당신에게 주신 구원은 천국 가는 날까지 결코 빼앗기지 않는 안전한 구원입니다. 이 사실이 당신의 삶에 어떤 영향을 끼친다고 생각하십니까?

2. 성화

성화는 '누리는 구원'(Salvation Present)으로 구원을 이루어가는 과정입니다. 우리에게 주신 구원을 최대한(maximum)으로 누리는 것입니다.

1) 구원을 누리기

개신교는 구원이 인간의 행위가 아닌 100퍼센트 하나님 은혜로 된 것임을 강조합니다. 한 번 구원받고 나면 그 누구도 빼앗아 갈 수 없다는 성경 말씀을 그대로 믿습니다.

하지만, 빌립보서 2장 12절 말씀은 구원에 대한 또 다른 측면을 보여줍니다.

(빌 2:12,13)

구원을 누리기 위해서는 기도를 연습하고, 말씀 훈련을 받으며 지속적으
로 치열한 훈련을 하지 않으면 안 됩니다. 그럴 때 구원의 광산에서 새롭
고 풍성한 은혜를 계속 캐낼 수 있습니다. 우리에게 주신 이 황홀한 구원
은 활용하기에 따라서 우리 자신 뿐 아니라 가족과 회사와 민족을 구하
고 변화시킬 수 있는 놀라운 축복의 열쇠가 될 수 있습니다.

당신에게 주신 구원을 최대한으로 누리기 위해 당신이 실제적으로 어떤
훈련을 지속해야 한다고 생각합니까?

2) 예수님을 닮아가는 성화의 단계들

성화란, 천국 갈 때까지 우리가 점점　　　　　　　을 닮아간다는 의미를
담고 있습니다.

당신이 예수님의 형상을 가장 많이 닮은 곳이 있다면 어디인가요? 또 당
신의 성품 중에서 예수님의 형상과 가장 닮지 않은 곳이 있다면 무엇인지
나눠주십시오.

성화되어간다는 것은 구체적으로 두 가지로 볼 수 있는데, 첫째는 옛 사
람을 버리는 일이며, 둘째는 새 사람을 입는 일입니다.

① 옛 사람 버리기

은혜 받은 후에도 우리는 여전히 옛사람을 벗어버리는 것이 어렵습니다.

(엡 4:22)

19 내가 원하는 바 선은 행하지 아니하고 도리어 원하지 아니하는 바 악을 행하는도다 20 만일 내가 원하지 아니하는 그것을 하면 이를 행하는 자는 내가 아니요 내 속에 거하는 죄니라 21 그러므로 내가 한 법을 깨달았노니 곧 선을 행하기 원하는 나에게 악이 함께 있는 것이로다 (롬 7:19-21)

성화의 과정은 잠시도 긴장을 늦출 수 없는 영적 전쟁입니다. 옛 사람을 버리기 위해 우리는 주님과 끊임없이 교제해야 합니다.

(히 4:16)

② 새 사람 입기

(엡 4:23,24)

"새 사람을 입는다"는 것은 세 가지의 의미가 있습니다.

첫째, 생각을 새롭게 하는 일입니다.

둘째, 하나님의 뜻에 순종하는 삶을 말합니다.

셋째, 땅에 살면서도 천국을 누리는 것입니다.

적용 질문 당신이 구원받은 이후 생각이나 세계관이 달라진 부분이 있다면 나눠주십시오.

---

3) 성화의 핵심 : 하나님과의 교제

(요 7:37)

> 요한복음 7장 37절의 헬라어 동사 "마시라"는 현재진행형 동사입니다. 즉, 한 번만 마시고 그치는 것이 아니고 매일, 매시간 와서 마시고 또 마시라는 것입니다.

성화의 과정에서 핵심은 하나님과 깊이, 자주 교제하는 것입니다.
그러기 위해서 우리는 날마다 성령의 강가로 나아와서 은혜의 강물을 마셔야 합니다. 성화란 내게 주신 황홀한 구원을 최대한으로 누리는 것입니다.

3. 영화

영화는 장차 받을 '완성될 구원'(Salvation Future)입니다.

(빌 1:6)

영화를 의미하는 "그리스도 예수의 날까지"는 우리가 천국 가는 날 혹은 주님께서 이 땅에 다시 재림하시는 날을 가리킵니다.

1) 천국을 갈망하기

(빌 3:20)

구원받은 사람들은 천국의 시민권을 가진 자들입니다.
구원받는 그 순간부터 우리는 영원한 천국을 바라보며 살게 됩니다.

2) 천국이란

요한계시록 21장 1-7절을 읽어보십시오.

1 또 내가 새 하늘과 새 땅을 보니 처음 하늘과 처음 땅이 없어졌고 바다도 다시 있지 않더라 2 또 내가 보매 거룩한 성 새 예루살렘이 하나님께로부터 하늘에서 내려오니 그 준비한 것이 신부가 남편을 위하여 단장한 것 같더라 3 내가 들으니 보좌에서 큰 음성이 나서 이르되 보라 하나님의 장막이 사람들과 함께 있으매 하나님이 그들과 함께 계시리니 그들은 하나님의 백성이 되고 하나님은 친히 그들과 함께 계셔서 4 모든 눈물을 그 눈에서 닦아주시니 다시는 사망이 없고 애통하는 것이나 곡하는 것이나 아픈 것이 다시 있지 아니하리니 처음 것들이 다 지나갔음이러라 5 보좌에 앉으신 이가 이르시되 보라 내가 만물을 새롭게 하노라 하시고 또 이르시되 이 말은 신실하고 참되니 기록하라 하시고 6 또 내게 말씀하시되 이루었도다 나는 알파와 오메가요 처음과 마지막이라 내가 생명수 샘물을 목마른 자에게 값없이 주리니 7 이기는 자는 이것들을 상속으로 받으리라 나는 그의 하나님이 되고 그는 내 아들이 되리라 (계 21:1-7)

① 죄와 아픔이 없는 곳(계 21:4)

천국에 들어서는 순간 우리는 세상의 모든 고통으로부터 해방되는 것입니다.

② 영원히 교제하는 곳(계 21:3)

천국은 에덴의 회복입니다. 하나님과 함께 있는 매일매일이 새롭고, 즐거운 놀람이요, 기쁨이요, 사랑이요, 평안일 것입니다.

③ 상 주시는 곳(계 21:7)

영원한 천국 상급을 바라보는 자들은 이 세상 것들은 얼마든지 양보할 수 있습니다. 하나님의 사람은 거룩한 여유가 있는 천국 지향적인 인생을 살아야 합니다.

QUESTION
적용 질문

천국을 소망하는 마음으로 살아갈 때 현재 당신의 삶에서 변화될 것이라고 생각되는 것은 무엇인가요? 또한 그 이유는 무엇인가요?

MEMORY VERSE

2과 암송 구절

죄의 삯은 사망이요 하나님의 은사는
그리스도 예수 우리 주 안에 있는 영생이니라
로마서 6장 23절

영접하는 자 곧 그 이름을 믿는 자들에게는
하나님의 자녀가 되는 권세를 주셨으니
요한복음 1장 12절

칭의

인간은 죄의 노예가 되어 꼼짝없이 영원한 지옥으로 가게 될 운명이었습니다. 그런데 예수님이 죄인들을 위해 십자가에서 대신 죽으심으로 죗값을 지불하셨습니다. 우리는 의롭지 않지만 예수 그리스도의 보혈로 덮어서 의롭다고 칭해주시는 것입니다. 이것을 믿음으로 받아들이는 즉시 하나님으로부터 의롭다 여기심을 얻는데 이것을 구원이라고 합니다. 이 구원은 즉각적이고 완전하며 결코 빼앗길 수 없는 안전한 것입니다.

성화

오직 은혜로 구원 받은 성도들은 자신이 받은 구원을 극대화하여 누려야 합니다. 이런 측면에서 구원은 과거의 죄가 해결되어버린 과거완료형이면서도, 또한 앞으로 살아가면서 계속 이루어가야 할 측면이 있음을 알려줍니다. 그것은 바로 천국에 갈 때까지 예수님을 닮아가는 것을 말합니다. 옛사람의 습관을 버리고 새사람을 입는 성화의 과정에서 중요한 것은 순간순간 하나님과 교제하는 것입니다.

영화

영화는 장차 완성될 구원을 가리킵니다. 구원받는 그 순간부터 하나님은 우리의 미래, 영원한 천국에 우리의 자리를 마련하셨습니다. 하나님의 사람은 천국에 대한 확실한 그림을 가지고 있어야 합니다. 그곳은 죄와 아픔이 없고, 주님과 영원히 교제하는 곳이며 하늘 아버지께서 우리에게 상을 주시는 곳입니다. 하늘의 상급을 바라보는 사람은 자발적으로 기쁘게 주님을 섬기며 세상에서 기죽지 않고 평안한 마음으로 담대하게 살 수 있습니다.

믿음

믿음이 없이는 하나님을 기쁘시게 하지 못하나니
하나님께 나아가는 자는 반드시 그가 계신 것과
또한 그가 자기를 찾는 자들에게 상 주시는 이심을 믿어야 할지니라

LESSON 3

믿음 Faith

3

L E S S O N

 **마음 문을 열면서**

당신의 삶 속에 믿음의 대상이 있었나요?
십대 때부터 10년 단위로 믿음의 대상이 누구 또는 무엇이었는지 나눠주
십시오.

10대	
20대	
30대	
40대	
50대	

 **에센스로 들어가기**

일반적으로 무언가를 '믿는다'라고 할 때 대부분은 자신의 능력을 믿거
나 누군가의 힘과 도움을 믿는 경우가 많습니다. 하지만 성경적인 믿음
의 정의는 다릅니다. 성경이 말하는 진정한 믿음이 무엇인지 살펴보도록
하겠습니다.

1. 믿음이 아닌 것들

1) "나는 뭐든지 할 수 있어"

맹목적인 긍정적 사고방식은 대단히 위험합니다. 세상의 많은 문제들은 자기 한계를 모르는 사람들로 인해 생겨납니다.

우리는 '내게 능력 주시는 하나님 안에서만 모든 것을 할 수 있음'을 인식하는 것이 중요합니다(빌 4:13 참조).

2) "어떻게든 되겠지 뭐"

요행을 바라는 생각은 믿음이 아닙니다.

3) "시간이 지나면 다 잘될 거야"

대책 없이 세상의 미래를 낙관하는 것은 믿음이 아닙니다.

악하고 사나운 사탄이 공중의 권세를 잡고 있는 한 세상은 갈수록 사납고 악해질 것입니다. 우리는 세상에 대한 핑크빛 환상을 접고 영적 긴장감을 지니고 살아야 합니다.

2. 믿음이란

1) 구원을 위한 믿음

(요 11:25,26)

여기서 예수님을 "믿는다"는 것은 주님의 십자가 복음을 확실히 알고 믿는다는 뜻입니다.

당신은 믿음을 통해 얻는 결과가 무엇이라고 생각하나요?

성경에서 말하는 믿음은 우리에게 구원을 얻게 합니다. 그렇다면 과연 우리는 무엇을 믿어야 하는 것일까요?

2) 십자가에서 이루신 구원을 믿는 믿음

믿음이란 하나님의 아들 예수 그리스도께서 십자가에서 죽으심으로써 당신의 죗값을 대신 치르셨다는 사실을 믿는 것입니다. 그리고 이 믿음은 예수님을 내 인생의 주인으로 영접하겠다는 결단으로 연결되어야 합니다. 그렇게 할 때, 비로소 구원받는 믿음이 되는 것입니다.

3) 진리의 말씀을 들음에서 시작되는 믿음

(롬 10:17)

교회를 오래 다녔거나 모태신앙인이라는 사실이 당신에게 진정한 구원을 약속하지 않습니다.

살아있는 교회 안에는 구원과 변화가 가득해야 합니다. 이를 위해 교회는 은혜로운 말씀을 선포하고, 다양한 방법을 통해 말씀을 가르치는 데 총력을 다해야 할 것입니다.

4) 성령님의 도우심을 통해 이루어지는 믿음

수정된 태아는 태중에서 자라나는 기간이 있습니다. 마찬가지로 '들은 말씀을 믿는 단계'는 말씀의 씨앗이 마음에 떨어진 후, 성령님에 의해서 부화되는 과정(incubation process)을 지나는 것입니다. 우리 마음에 떨어진 하나님의 말씀은 부화되는 기간이 필요합니다. 이 과정을 인도하시는 분이 바로 성령님입니다.

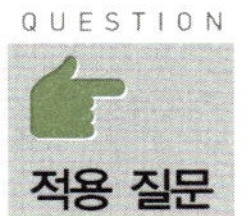

당신이 이성적으로 믿어왔던 성경 말씀들이 어느 날 자연스럽게 마음으로 믿어지기 시작한 경험이 있나요? 또 이를 통해 당신의 삶에 변화가 있었다면 어떤 것이었는지 함께 나눠주십시오.

3. 구원받은 자의 믿음 업그레이드

구원받은 사람이라 할지라도 천국 갈 때까지 계속해서 믿음의 올바른 성장이 필요합니다.

이미 구원받은 사람이 자신이 가진 믿음의 성장을 이루기 위해 어떻게 믿어야 할까요? 함께 살펴보겠습니다.

1) 하나님의 성품대로 믿기

51 예수께서 승천하실 기약이 차가매 예루살렘을 향하여 올라가기로 굳게 결심하시고 52 사자들을 앞서 보내시매 그들이 가서 예수를 위하여 준비하려고 사마리아인의 한 마을에 들어갔더니 53 예수께서 예루살렘을 향하여 가시기 때문에 그들이 받아들이지 아니 하는지라 54 제자 야고보와 요한이 이를 보고 이르되 주여 우리가 불을 명하여 하늘로부터 내려 저들을 멸하라 하기를 원하시나이까 55 예수께서 돌아보시며 꾸짖으시고 56 함께 다른 마을로 가시니라 (눅 9:51-56)

하나님의 자녀라 해도 자기 감정이나 욕심에 사로잡혀 하나님의 성품과 위배되는 것을 구한다면 그것은 이루어질 수 없습니다.

우리의 믿음은 　　　　　　　　　에 위배되지 않는 믿음이어야 합니다.

2) 하나님의 말씀대로 믿기

(요 15:7)

하나님을 믿는다는 것은 하나님이 약속하신 말씀 그대로 믿는 것입니다.

① 전체적 핵심을 이해하기

요한복음 15장 7절 말씀을 한눈에 살펴볼 때 가장 먼저 눈에 들어오는 문구는 무엇입니까? 그것에 밑줄을 그어보십시오.

너희가 내 안에 거하고 내 말이 너희 안에 거하면 무엇이든지 원하는 대로 구하라 그리하면 이루리라 (요 15:7)

우리가 하나님의 말씀을 오해하는 이유는 자신의 필요에 따라 하나님의 말씀을 편집하기 때문입니다. 하나님의 약속의 말씀을 믿을 때 우리는 전체적인 말씀의 흐름과 그 안의 핵심적 메시지를 제대로 이해하는 것이 중요합니다. 그래서 믿음의 사람은 말씀으로 충만해야 합니다.

② 하나님의 약속대로 믿기
믿음의 사람은 하나님이 약속하신 것이라면 반드시 이루어질 것이라고 믿고 살아가는 사람입니다. 약속의 말씀이 없는데도 내 욕심으로 일을 이루려는 것은 하나님이 아니라 자신을 믿는 잘못된 믿음입니다.

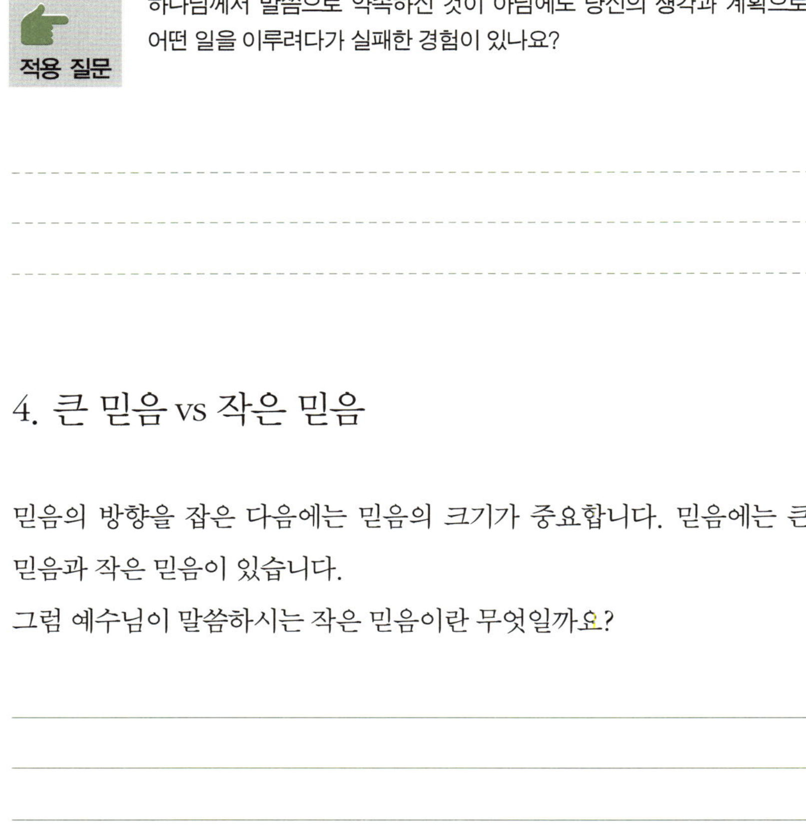

하나님께서 말씀으로 약속하신 것이 아님에도 당신의 생각과 계획으로 어떤 일을 이루려다가 실패한 경험이 있나요?

----

4. 큰 믿음 vs 작은 믿음

믿음의 방향을 잡은 다음에는 믿음의 크기가 중요합니다. 믿음에는 큰 믿음과 작은 믿음이 있습니다.
그럼 예수님이 말씀하시는 작은 믿음이란 무엇일까요?

(마 14:28-32)

예수님께서 꾸짖으신 작은 믿음은 인간적인 생각이 많은 믿음입니다.

그럼 이제, 예수님께 칭찬받은 로마 백부장의 이야기를 보겠습니다.

6 예수께서 함께 가실새 이에 그 집이 멀지 아니하여 백부장이 벗들을 보내어 이르되 주여 수고하시지 마옵소서 내 집에 들어오심을 나는 감당하지 못하겠나이다 7 그러므로 내가 주께 나아가기도 감당하지 못할 줄을 알았나이다 말씀만 하사 내 하인을 낫게 하소서 8 나도 남의 수하에 든 사람이요 내 아래에도 병사가 있으니 이더러 가라 하면 가고 저더로 오라 하면 오고 내 종더러 이것을 하라 하면 하나이다 9 예수께서 들으시고 그를 놀랍게 여겨 돌이키사 따르는 무리에게 이르시되 내가 너희에게 이르노니 이스라엘 중에서도 이만한 믿음은 만나보지 못하였노라 하시더라 (눅 7:6-9)

예수님은 이 백부장의 믿음을 칭찬하십니다.

주님께서 우리에게 기대하시는 믿음은 　　　　　입니다. 주님의 칭찬을 받는 　　　　　이란 무엇일까요?

1) 큰 믿음의 시작은 겸손

(시 22:26)

당신은 비서와 보스의 차이가 무엇이라고 생각합니까?

하나님께서 믿음의 사람에게 기대하시는 첫걸음은 　　　　　입니다. 　　　　　은 단순히 자신을 낮추는 것이 아니라 예수님을 높이는 것입니다.

2) 큰 믿음은 말씀의 초자연적 능력을 인정하는 것

(히 11:1)

믿음은 어떤 일에 대해 하나님께서 더 뛰어난 방법을 갖고 있음을 믿는 것입니다.
하나님은 당신이 믿고 선포하는 만큼 당신에게 역사하시는 분입니다.

3) 큰 믿음은 능력 있는 사역을 위한 필수조건

(행 1:8)

헨리 블랙커비는 "하나님이 당신을 통해서 일하고 싶다고 말씀하실 때, 그 일은 분명히 하나님만이 하실 수 있는 일일 것이다"라고 말했습니다. 큰 믿음은 하나님께서 주신 사명을 하나님께서 주실 큰 ████으로 이루실 줄로 믿는 것입니다.

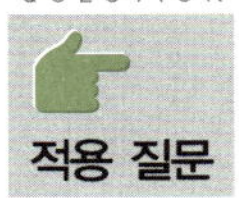

교회에서 당신에게 사명을 맡겨주셨을 때 할 수 없다고 사양한 적이 있나요? 있다면 어떤 일이었으며, 사양한 이유는 무엇이었습니까?

5. 순수한 믿음

(약 1:6,7)

믿음에서 중요한 것은 순수성입니다.

1) 의심하지 않는 순수한 믿음

믿음의 반대는 　　　　하는 것입니다. 　　　　할 때 낙망하게 되고, 그 결과 기도할 수 없게 됩니다. 하나님의 사람은 절대로 　　　　하거나 낙망해선 안 됩니다. 사탄의 전략이 바로 　　　　입니다.

QUESTION

당신을 자주 의심에 빠뜨리는 생각은 무엇인가요?

적용 질문

2) 하나님의 약속을 이루게 하는 순수한 믿음

우리가 불신의 모습을 보여도 은혜로우신 하나님께서는 우리에게 약속하신 것을 취소하지 않으십니다.

다만 우리를 조금 징계하시고 연단하셔서 그 약속을 받을만한 믿음의 그릇으로 빚으시고 키우게 하신 후 약속하신 일을 반드시 이루어주십니다.

6. 믿음의 갈등

(창 12:1)

만약 당신이 안정된 기업을 운영하는 75세의 경영주라면 이 말씀을 읽고 어떻게 반응하겠습니까?

하나님의 부르심은 항상 우리를 믿음의 갈등으로 몰아넣습니다. 하나님께서 이 믿음의 갈등 상황을 통해서 우리 안에 모난 부분들을 다루고자 하시기 때문입니다. 이는 우리의 옛 사람을 깨어버리기 위해 하나님께서 허락하신 필연적인 과정입니다.

> 갈등(crisis)이라는 단어는 결단(decision)을 의미하는 단어에서 파생되었습니다. 믿음의 갈등은 우리가 어떤 결단을 내려야만 하는 하나의 전환점입니다.

이 전환점에서 어떤 반응을 보이느냐가 우리가 하나님의 위대한 일에 쓰임받는 일꾼이 되느냐, 아니면 그냥 살던 대로 계속 살아가면서 하나님의 일과는 상관없는 사람이 되느냐를 결정짓습니다.

1) 갈등 속에서도 행동으로 순종하기

믿음의 응답은 순종이라는 바구니에 담겨서 옵니다. 그런데, 이 순종이 쉽지 않은 경우가 정말 많습니다. 100퍼센트 기쁨으로 순종하지 못하는 때가 많습니다. 이런 갈등을 하더라도 중요한 것은 몸은 움직이고 있어야 한다는 것입니다. 다음의 말씀을 읽고 어떻게 생각하시는지 나눠주십시오.

1 그 일 후에 하나님이 아브라함을 시험하시려고 그를 부르시되 아브라함아 하시니 그가 이르되 내가 여기 있나이다 2 여호와께서 이르시되 네 아들 네 사랑하는 독자 이삭을 데리고 모리아 땅으로 가서 내가 네게 일러준 한 산 거기서 그를 번제로 드리라 3 아브라함이 아침에 일찍이 일어나 나귀에 안장을 지우고 두 종과 그의 아들 이삭을 데리고 번제에 쓸 나무를 쪼개어 가지고 떠나 하나님이 자기에게 일러주신 곳으로 가더니 (창 22:1-3)

당신은 이때 아브라함의 마음이 어땠으리라 생각됩니까?

____

____

믿음의 갈등 속에서도 아브라함은 어떤 반응을 보였습니까?

____

____

이 말씀을 통해 몸으로 순종하다 보면 비로소 경험되는 은혜가 있고 영적 깨달음이 있음을 발견할 수 있습니다. 진정한 믿음은 갈등 속에서도 몸을 움직여 순종하는 것입니다.

2) 갈등 상황에서 인내하기

____

____

(약 1:3,4)

영성은 기다림입니다. 기다림 속에는 하나님의 타이밍과 방법을 존중하는 자세가 들어 있습니다. 하나님은 성도들의 기도에 반드시 응답해주십니다. 그 응답이 더디게 느껴질지라도 인내하며 기다릴 때 하나님의 때에 하나님의 방법으로 최선의 응답이 이루어질 것입니다.

중요한 것은 우리가 생각하던 가장 좋은 길이 아니라, 하나님이 예비하신 다른 더 좋은 길이 있음을 믿으셔야 합니다.

창세기 22장 15-18절을 읽어보십시오.

15 여호와의 사자가 하늘에서부터 두 번째 아브라함을 불러 16 이르시되 여호와께서 이르시기를 내가 나를 가리켜 맹세하노니 네가 이같이 행하여 네 아들 네 독자도 아끼지 아니하였은즉 17 내가 네게 큰 복을 주고 네 씨가 크게 번성하여 하늘의 별과 같고 바닷가의 모래와 같게 하리니 네 씨가 그 대적의 성문을 차지하리라 18 또 네 씨로 말미암아 천하 만민이 복을 받으리니 이는 네가 나의 말을 준행하였음이니라 하셨다 하니라 (창 22:15-18)

당신이 오랜 시간 꾸준히 기도해온 내용이 있다면 무엇인가요?

----

3) 갈등 상황을 통한 믿음의 성장

처음부터 강한 믿음을 가지는 사람은 없습니다. 하나님께서 조금씩 작은 연단의 과정들을 통해 그 믿음을 키워가십니다.

하나님께서는 하나님의 사람에게 계속해서 어떤 숙제를 주시는데, 그것들은 그때마다 새로운 믿음의 분량을 필요로 합니다.

이때 중요한 것은 하나님과 계속해서 친밀한 관계를 유지하는 것입니다. 어제 성공했던 일이나 다른 교회에서 성공한 것이 하나님이 오늘 당신에게 쓰고 싶어하는 방법이 아닐 수도 있습니다. 여호수아가 여리고를 무너뜨리는 방법과 아이성을 무너뜨리는 방법은 달라야 했습니다. 당신은 오늘 또 새롭게 하나님을 의지해야 하는 것입니다.

3과 암송 구절

그러므로 믿음은 들음에서 나며
들음은 그리스도의 말씀으로 말미암았느니라
로마서 10장 17절

믿음이 없이는 하나님을 기쁘시게 하지 못하나니
하나님께 나아가는 자는 반드시 그가 계신 것과
또한 그가 자기를 찾는 자들에게
상 주시는 이심을 믿어야 할지니라
히브리서 11장 6절

성경이 말하는 믿음

세상에서 말하는 믿음과 성경에서 말하는 믿음은 완전히 다릅니다. 자기 자신을 믿는 맹목적인 긍정적 사고방식, 요행을 바라는 생각, 대책없는 낙관주의는 성경이 말하는 믿음이 아닙니다. 성경이 말하는 믿음은 십자가에서 하나님의 아들 예수 그리스도가 나의 죗값을 치르셨음을 알고 그 예수님을 내 인생의 주인으로 영접하는 결단입니다.

믿음의 업그레이드

구원받은 자의 믿음은 하나님의 성품을 알고 그분의 말씀과 약속을 신뢰하며 따라갈 때 자랍니다. 주님의 칭찬을 받는 큰 믿음은 겸손에서부터 시작됩니다. 겸손은 단순히 자신을 낮추는 게 아니라 예수님을 높이는 것입니다. 기도하며 예수님의 말씀에 불가능이 없음을 믿는 것입니다. 우리가 불신해도 은혜로우신 하나님은 우리에게 약속하신 것을 취소하지 않지만, 징계하시고 연단하셔서 그릇을 키우시므로 처음부터 의심하지 않고 순수한 믿음으로 나아가는 것이 복된 길입니다.

믿음의 갈등과 성장

크리스천은 세상을 살면서 필연적으로 믿음의 갈등을 겪게 됩니다. 그러나 마음으로는 계속 갈등이 될지라도 하나님의 말씀이기에 몸으로 순종하는 과정을 통해 영적인 깨달음을 얻고 은혜를 받습니다. 또한 기도의 응답이 더딜지라도 하나님의 때에 하나님의 방법으로 최선의 응답을 주실 것을 기다리며 인내할 때 하나님이 예비하신 가장 좋은 것을 받게 됩니다. 하나님은 우리의 믿음의 분량만큼 책임지시며 믿음의 갈등 상황을 통해 우리를 성장시켜가십니다. 우리는 날마다 새롭게 하나님을 의지하며 성령님의 임재 가운데 승리하는 삶을 살 수 있습니다.

성부 하나님

야고보서 1장 17절

온갖 좋은 은사와 온전한 선물이 다 위로부터
빛들의 아버지께로부터 내려오나니
그는 변함도 없으시고 회전하는 그림자도 없으시니라

LESSON 4

성부 하나님

GOD the Father

 **마음 문을 열면서**

나에게 '아버지'란 어떤 분인지 서로 나눠봅시다.

 **에센스로 들어가기**

하나님께서 성령님을 우리에게 보내사 하나님을 '아빠 아버지'로 부르게 하셨습니다(갈 4:6 참조). 그런데 하나님을 아버지라고 부르는 것이 힘든 분들도 있습니다. 육신의 아버지에게 받은 상처로 인해 하나님 아버지를 오해하기 때문입니다. 행복한 신앙생활을 하기 위해서는 먼저 하늘 아버지가 어떤 분인지를 제대로 인식하는 것이 중요합니다.

1. 창조주 하나님

(창 1:1)

성경은 첫 머리에 명쾌하고 간단하게 창조주 하나님을 선포합니다. 하나님 아버지께서 이 우주와 사람들을 창조하셨다는 사실이 정말 중요합니다.

하나님은 분명한 목적을 가지고 우리를 창조하셨습니다. 그러므로 '쓸데없는 사람'은 아무도 없습니다.

우리는 이 말씀 안에서 하나님이 어떤 분이신지에 대한 중요한 열쇠들을 발견할 수 있습니다.

1) 영원하신 하나님

(사 44:6)

하나님의 시간	사람의 시간
시간의 주인 되심	시간을 선물로 받고 그 안에 살게 됨
무한함	유한함
과거, 현재, 미래를 초월함	과거, 현재, 미래에 속함
4차원적 개념	3차원적 개념

하나님이 천지를 창조하셨다는 것은 하나님께서 우주를 시작하셨다는 뜻입니다. 이것은 하나님께서 시간의 주인이시라는 뜻입니다.

또한 인간에게 주어진 시간이 유한한 반면에 하나님의 시간은 무한합니다. 하나님은 과거, 현재, 미래를 초월하는 분이십니다. 성경을 보면 과거, 현재, 미래를 마치 동시에 보듯이 왔다 갔다 하는 구절들이 자주 나옵니다.

인간에게 익숙한 3차원적 시간 개념으로는 도저히 이해할 수 없는 영원의 시간을 하나님은 장악하고 계신 것입니다.

2) 크신 하나님

(사 55:9)

인간이 관측할 수 있는 가장 멀리 있는 별은 2백억 광년의 거리에 있다고 합니다. 2백억 광년의 거리란, 1초에 30만 킬로미터를 날아갈 수 있는 빛이 2백억 년 동안 단 한순간도 쉬지 않고 달려야 이를 수 있는 거리입니다. 이것은 천지 중 지극히 작은 일부분에 불과합니다. 크신 하나님께서 이 천지를 만드셨습니다.

① 전능하신 하나님

(창 17:1)

하나님은 ＿＿＿＿ 하시기 때문에 불가능한 일이 없습니다. 성경에 기록된 기적들이 사람에게는 이해되지 않을지라도, 능력이 무한하신 하나님께는 상식적인 일인 것입니다.

전능하신 하나님이 당신의 아버지가 되신다는 사실을 믿게 될 때 당신의 삶에서 일어날 가장 큰 변화가 무엇이라고 생각하나요? 이에 대해 구체적으로 나눠주십시오.

② 전지하신 하나님

(욥 37:16)

오늘날 인간의 기술이 만든 최고의 작품인 반도체 마이크로칩에는 백만 권 이상의 책을 담을 수 있다고 합니다. 그런데 우리 몸의 손톱에 있는 작은 세포 하나에 하나님이 담아두신 정보는 그 천만 배가 넘습니다.
하나님이 　　　　하신 분임을 알 때, 우리는 인생에서 우리의 머리로 풀리지 않는 불가능한 상황 속에서도 절망하지 않게 됩니다.

③ 무소부재하신 하나님

(렘 23:23,24)

무소부재(omnipresent)란 공간에 제약 없이 어디에나 계심을 말합니다. 하나님은 온 세상과 우주 가운데서 그 어떤 제약도 받지 않으신 채 충만하게 계시는 분입니다.

QUESTION
적용 질문

당신은 온 세상과 우주 가운데 충만하게 계시는 하나님을 경험하고 있습니까? 경험하고 있다면 구체적으로 나눠주십시오.

2. 거룩하신 하나님

(시 99:3)

'거룩' 이라는 단어는 '다르다', '구별되다'라는 뜻입니다.

1) 세상과 구별되심

하나님은 세상 그 어떤 존재와도 확연히 구별되시는 분입니다. 어떤 면에서 다르실까요?

하나님은 모든 것을 하실 수 있지만 죄를 지으실 수도 없고 죄를 용납하실 수도 없는 분입니다.

세상 사람들 안에 하나님의 거룩한 성품이 남아 있다면 어떤 것일까요?

----

2) 진실하심

(히 6:18)

하나님은 정직하신 분입니다. 거짓이 없으시며 또한 거짓 된 자를 싫어하십니다.

3) 선하심

(시 119:68)

모든 선의 최종 기준은 하나님이십니다. 하나님의 절대적인 선하심이 세상을 다스립니다.

하나님께서는 자녀 된 우리에게도 하나님의 거룩을 따르기를 원하십니다. 죄는 영혼을 죽이는 바이러스와 같기 때문에 하나님의 자녀를 살리시기 위해 하나님은 죄를 용납하지 않으십니다.

세상과 다르시고 우리와 구별되시는 하나님의 거룩은 무서워해야 할 성품이 아닌 우리를 살리시는 하나님의 사랑입니다.

3. 역사의 주관자 하나님

(행 17:24,25)

하나님은 역사의 주관자이십니다. 우주와 그 가운데 있는 만물을 지으신 하나님께서는 천지의 주재(主宰)이십니다. 이것은 하나님이 세상을 창조하셨을 뿐 아니라, 태초부터 지금까지 친히 다스리시고 운영하시는 분이라는 뜻입니다.

1) 성실하게 일하시는 하나님

(애 3:22,23)

하나님은 태초부터 지금까지 성실하게 천지를 운영하시고 계십니다. 시편에서 하나님을 설명할 때 가장 많이 등장하는 단어가 '신실하다'(faithful), '성실하다'라는 말입니다. 눈에 보이지 않지만 하나님이 지금도 부지런히 일하고 계시기 때문에 이 지구가 돌아가고 있습니다.

하나님을 믿지 않는 사람들도 탁월한 사람들은 대부분 성실합니다. 그렇다면 하나님의 자녀가 된 사람들은 어떠해야 할까요? 아버지 하나님을 닮은 성실함이 있어야 합니다.

특히 믿음 생활은 성실하게 해야 합니다. 기도와 말씀 생활에 성실히 임해야 하며, 교회를 섬기는 것도 성실하게 감당해야 합니다. 아버지 하나님은 성실한 자녀들에게 하늘의 복을 내려주십니다.

당신의 삶 속에서 성실하신 하나님의 형상을 가장 잘 나타내는 부분과 나타내지 못하는 부분을 나눠주십시오.

2) 당신을 통해 일하시는 하나님

(창 1:28)

하나님은 그분의 자녀인 우리를 　　　　　로 불러주셨습니다. 그래서 우리의 기도와 결정, 그리고 헌신에 따라서 역사를 바꾸어가기도 하십니다. 하나님의 자녀들은 역사의 방관자가 아니라 주체입니다.

4. 임마누엘의 하나님

(행 17:27)

> 임마누엘(God with us)이란 '하나님이 우리와 함께 계신다'라는 뜻의 히브리어입니다.

1) 가까이 계신 하나님

(약 4:8)

사람을 사랑하시는 하나님은 사람과 교제를 나누기 원하십니다.
하나님은 지금 여기에, 우리 안에 계십니다. 우리와 동행하시고 교제하시며, 사랑과 복을 주십니다. 우리의 머리털 하나까지도 다 세실 정도로 우리를 잘 아십니다. 우리의 작은 신음에도 응답하십니다. 그분이 바로 우리 하나님이십니다.

QUESTION 적용 질문

당신이 느끼는 하나님은 어떤 하나님이십니까? 만약 하나님이 멀리 계신다고 느껴진다면 왜 그런 마음을 갖게 되었는지 나눠주십시오.

2) 말씀하시는 하나님

(계 3:20)

(시 19:1,2)

하나님은 다양한 방법으로 말씀하십니다. 성경 말씀과 자연과 환경을 통해 그리고 교회 공동체를 통해 말씀하십니다.
당신을 향해 오늘도 말씀하시는 하나님의 음성을 듣기 원하십니까?

5. 사랑의 하나님

(요일 4:16)

하나님의 사랑에는 어떠한 특징이 있는지 몇 가지로 살펴보겠습니다.

1) 베풀어주시는 분

(약 1:17)

(행 17:25)

사랑은 주는 것입니다.

당신은 최근 들어 사랑하는 사람에게 소중한 것을 선물한 적이 있습니까?

우리가 받은 최고의 선물은 사랑하는 아들 독생자 예수 그리스도입니다.

그분을 내어주신 분이 바로 하나님 아버지이십니다.

2) 용서하시는 분

(사 1:18)

조건 없는 사랑으로 품어주시는 하나님은 　　　　　하시는 분이십니다.
그래서 우리는 항상 어떠한 잘못을 저지르고 어떤 실패를 할지라도 하나
님께 반드시 돌아와야 합니다.

> 우리가 죄를 짓고 회개하려 할 때 사탄은 하늘 아버지가 우리를 결코 용서하지 않
> 을 것이라고 속입니다. 우리가 하나님을 오해하도록 하여 그분으로부터 멀어지
> 게 하려는 것입니다.

QUESTION
적용 질문

당신은 용서의 하나님을 깊이 경험한 적이 있습니까? 어떤 내용인지 함
께 나눠주십시오.

3) 격려하시는 분

(습 3:17)

사랑한다는 것은 칭찬하고 격려하는 것입니다. 하나님은 우리에게 조건 없는 사랑을 주시며 우리의 팬(fan)이 되어주십니다.

세상에서 외롭고 때로는 비난 받을 때에도 결코 위축되지 않을 수 있는 이유는 바로 예배를 통해 그리고 기도와 말씀 속에서 하나님의 격려하시는 음성을 듣게 되기 때문입니다. 하늘 아버지의 격려의 말을 들을 때 당신은 다시 힘차게 살아갈 힘을 얻게 될 것입니다. 하나님은 오늘도 당신을 격려하기를 원하시는 분이십니다.

4) 지켜주시는 분

(시 18:1,2)

구약성경에서는 하나님 아버지를 '나의 산성, 나의 피난처'라고 자주 표현합니다. 산성이나 피난처는 한마디로 보호막을 의미합니다. 하나님께서 하나님의 자녀들의 보호막이 되어주시겠다는 약속인 것입니다.

하늘 아버지만이 당신을 24시간, 일평생 지켜 주실 수 있는 분이십니다. 당신이 이 사실을 믿을 때 담대하고 평안한 인생을 살 수 있게 될 것입니다.

하나님께서 당신을 지켜주셨던 간증이나 경험이 있다면 나눠주십시오.

----

5) 인도하시는 분

(신 8:15)

성경 전체에서 "인도하신다"는 말이 300번 넘게 나옵니다. 그만큼 하나님 아버지께서는 자녀 된 우리를 인도하시는 일을 중요하게 생각하십니다. 하나님은 광야에서 이스라엘 백성들을 불기둥, 구름기둥으로 인도하셨습니다. 하나님의 인도하심을 잘 따라가는 것은 죽느냐 사느냐의 중대한 문제였습니다.

우리의 가정도, 사업도, 다른 그 누구와 상의하기 전에 겸손한 마음으로 아버지 하나님과 먼저 기도로 상의해야 합니다. 하나님을 우리 인생의 아버지로 모시고 모든 면에서 그분의 인도하심을 받아야 합니다.

6) 징계하시는 분

(히 12:7,8)

하나님의 징계는 진짜 사랑입니다. 하나님 아버지께서 우리를 훈계하시는 이유는 우리가 그분의 사랑하는 자녀이기 때문입니다.

그렇기 때문에 이때 우리의 옳은 반응은 감사입니다.

6. 하나님의 자녀로서의 삶

(요일 3:9)

요한일서 3장 9절 말씀에서 "하나님께로부터 난 자마다 죄를 짓지 아니하나니"의 동사 시제는 현재진행형입니다. 이는 지속적으로 범죄하지 않는다는 말과 동일합니다.

하나님의 자녀는 죄를 전혀 짓지 않는 사람이 아니라 진정한 회개를 통해 지속적인 죄와 습관적인 죄에 빠지지 않는 사람을 의미합니다.

하나님의 자녀가 되면 180도 영적 체질이 바뀝니다. 하나님의 자녀들은 그분이 주신 영적인 유전자(DNA)를 가졌고, 그것은 하나님의 사랑, 세상과 차별화되는 거룩함이며 죄를 이기는 능력입니다. 이 능력을 당당하게 주장하고 선포하며 살아가십시오.

거룩하신 창조주 하나님

하나님은 이 세상을 창조하셨습니다. 그분은 시간의 주인이며 못하시는 것이 없는 전능하신 분입니다. 하나님의 지혜로우심과 전지하심을 믿을 때 우리는 인생의 모든 문제 앞에서 그분을 의지할 수 있습니다. 또한 하나님은 무엇이든 하실 수 있으나 죄를 지을 수는 없는 거룩하신 분입니다. 진실하시고 정직하신 하나님의 성품을 따라 우리도 죄를 용납하지 않으며 사랑 가운데 거룩한 삶을 살아야 합니다.

역사의 주관자 되신 임마누엘의 하나님

천지의 주재이신 하나님은 이 세상을 친히 다스리시고 운영하시는 분입니다. 역사의 주관자이신 그분은 성실하고 신실하시며 황송하게도 우리를 이 세상을 이끌어나가는 동역자로 부르십니다. 그리고 우리의 결정을 존중하시며 소중하게 대해주십니다. 그분은 이 땅에서 우리와 함께하시며 우리의 일거수일투족을 보고 계십니다. 그러므로 우리 인생에서 일어나는 일에는 우연이 없습니다. 모든 일에 하나님의 섭리가 작용하여 그분의 손길이 닿아 있기 때문에 기도하며 귀를 기울이면 그분의 음성을 들을 수 있습니다.

사랑의 하나님

우리를 너무나 사랑하시는 하나님은 우리에게 모든 선한 것을 베풀어주기를 원하십니다. 조건 없는 사랑으로 우리를 품어주시며, 그분의 은혜에 감사하지 못할 때에도 용납해주시고 용서해주십니다. 우리의 작은 발걸음에도 격려를 아끼지 않으시며, 위험으로부터 안전하게 지켜주십니다. 하나님은 목자와 같이 우리를 인도하시고 훈계하시며 필요할 때는 징계를 통해 보호하십니다. 우리가 죄를 안 짓고 살 수는 없지만 지속적인 죄와 습관적인 죄에 빠지지 않으려고 노력하며 끝없이 용서하시는 아버지의 마음을 아프게 해서는 안 됩니다.

성자 하나님

빌립보서 2장 5-8절

너희 안에 이 마음을 품으라 곧 그리스도 예수의 마음이니
그는 근본 하나님의 본체시나 하나님과 동등됨을 취할 것으로 여기지 아니하시고
오히려 자기를 비워 종의 형체를 가지사 사람들과 같이 되셨고
사람의 모양으로 나타나사 자기를 낮추시고 죽기까지 복종하셨으니
곧 십자가에 죽으심이라

LESSON 5

성자 하나님

the Son, Jesus Christ

💡 마음 문을 열면서

아래의 빈 칸을 채우시고 그렇게 생각한 이유를 나눠주십시오.

예수님은   다.

⧗ 에센스로 들어가기

이 땅에 오신 하나님의 아들 예수님은 어떤 분이신지에 대해, 예수님의 성육신, 십자가, 부활을 통해 이해해보도록 하겠습니다.

1. 성육신

(빌 2:5-8)

예수님은 육신의 몸을 입으신 하나님이십니다.
이것이 곧 　　　　　(成肉身, incarnation)입니다.

1) 성육신의 고통

(빌 2:7)

아래의 이야기를 읽고 느낀 점을 나눠주십시오.

> 독수리를 좁은 새장에 가두면 2주를 넘기지 못하고 죽는다고 합니다. 왜 그럴까요? 독수리는 그 큰 날개를 활짝 펼치고 넓은 창공을 맘껏 누비며 살아야 하기 때문입니다. 그에게서 하늘을 날 수 있는 자유를 빼앗는 것은 하늘의 왕자로서의 위엄을 빼앗는 것이기에 그 치욕과 고통을 견디지 못한다고 합니다.

하물며 전지전능하신 하나님, 숨결 하나로 거대한 홍해를 가르시고 말씀 하나로 천지를 창조하신 하나님이 이 좁은 지구에 오셔서 작은 인간의 몸을 입으시고 스스로 갇히셨습니다. 하나님이 사람이 되셨다는 것 자체가 얼마나 무서운 고통을 감내하는 것인지 우리로서는 감히 상상할 수 없습니다.

2) 완전한 하나님, 완전한 인간

(빌 2:6,7)

예수님은 창조 전에 하나님과 함께 계셨고, 만물이 그를 통해 창조되었습니다. 성자 예수님은 완전한 인간이시고, 완전한 하나님이십니다.

예수님이 자신을 비우셨다는 것은 무엇을 어디까지 내려놓으셨다는 것일까요?

> '본체' 또는 '형체'의 뜻으로 사용되는 '모르페'(morphe)는 '어떤 것의 본질 그 자체'라는 뜻입니다. 빌립보서 2장 6절을 통해 예수님은 하나님의 본질 그 자체이시며, 7절을 통해 예수님은 인간의 본질 그 자체이심을 알 수 있습니다. 즉, 예수님은 완전한 하나님이시며 동시에 완전한 인간이십니다.

3) 완전한 조력자

(히 2:18)

예수님은 이 땅에서 완전한 인간이자 완전한 하나님으로 사셨습니다. 그 사실은 곧 예수님이 우리를 이해하실 뿐만 아니라 우리를 도우실 수 있는 분이라는 의미입니다.

이 사실을 확신한다면 지금 이 순간 당신의 작은 신음에도 응답하시는
예수님 앞에 당신의 어려움과 아픔을 기도로 올려드리기 바랍니다.

2. 십자가

(빌 2:8)

십자가는 정말 비참한 사건이지만, 죄악 가운데 있는 인간에게는 무엇과
도 비교할 수 없는 기쁜 소식입니다.

1) 예수님의 결정

(요 10:17,18)

십자가 죽음은 성육신과 더불어, 하나님이 하나님으로서 당연히 누려야
할 모든 특권과 권리를 스스로 포기하신 사건입니다.

2) 하나님 사랑의 최고봉

(요 3:16)

자신의 사랑을 입증하기 위해 자신의 최고를 내놓을 각오가 되어 있다면, 그것은 상대의 마음을 녹일 것입니다. 하나님께서는 각오 정도가 아니라 실제로 그렇게 하셨습니다. '내가 너를 이만큼 사랑한다'라고 하시며 십자가에 못 박혀 죽으신 것입니다.
십자가는 우리를 향한 하나님의 사랑이 얼마나 큰지를 말해줍니다.
███████는 사랑 그 자체입니다!

3) 공의의 완성

(롬 6:23)

하나님의 성품은 공의와 사랑, 두 가지로 요약될 수 있습니다.

① 하나님의 공의
정의란 죄의 합당한 대가를 치르는 것입니다.

② 하나님의 사랑
사랑은 용서하는 것입니다.
하나님의 공의와 사랑을 동시에 만족시킬 수 있는 방법은 오직 하나, 누군가 우리를 위해 대신 죽어주는 것입니다. 그것이 바로 십자가입니다.

4) 우리를 위한 대속

(갈 1:4)

이것을 신학적 용어로 '대속'(代贖, atonement)이라고 합니다. "남의 죄를 대신하여 벌을 받고 값을 치른다, 속죄한다"라는 뜻입니다. 예수님께서 사람을 살리기 위해 치른 믿을 수 없는 희생이 바로 복음의 진수인 것입니다.

주님이 십자가에서 마지막 숨을 거두시기 전에 한 이 선포를 기억하십니까? "다 이루었다!" 끝났다는 것입니다. 주님이 십자가에서 하신 이 말씀으로 우리의 죄악 된 옛 사람도 완전히 끝났습니다. 말씀 그대로 다 이루셨습니다.

3. 희생제물의 자격

예수님은 십자가에서 희생제물이 되셨습니다.
인류의 죄 문제를 해결할 희생제물에는 두 가지 자격이 필요합니다.

1) 흠 없는 제물

(히 4:15)

2) 완전한 인간

(사 53:5)

죄는 반드시 죽음으로 갚아야 하는데, 하나님은 죽으실 수 없는 존재이십니다. 그래서 죄 없으신 하나님의 아들 예수님이 자신의 목숨으로 우리의 죗값을 대신 치르신 희생이 바로 십자가입니다.
우리의 죄 문제를 해결하기 위해 하나님의 아들이 자기 생명을 내어놓으신 그 엄청난 사랑에 고개를 떨구게 됩니다. 그 주님의 십자가 앞에서 우리는 회개의 눈물을 터뜨리며 겸손히 찬양과 경배를 드리게 됩니다. 회개한 양심과 성령의 감동을 받은 사람에게 십자가는 살아 움직이는 하나님의 구원의 능력으로 다가옵니다.

4. 부활

예수님은 우리를 위해 죽으셨을 뿐 아니라 부활하셨습니다.

1) 최고의 반전 드라마

(빌 2:9-11)

기독교 신앙의 가장 핵심이 되는 두 축이 십자가와 부활입니다.
십자가 없는 ███████ 은 의미가 없고, 부활이 없는 ███████ 는 비참
합니다. 십자가 신앙이란 예수님의 십자가가 나의 죄를 위한 것임을 깨
닫고 그 사랑 안에 거하는 것입니다. 그래서 우리는 반드시 십자가 신앙
을 통과해서 부활 신앙까지 가야 합니다. 옛 사람이 죽었으니, 새 사람이
살아납니다.

(빌 2:10,11)

마지막 날에 천사들과 구원받은 성도들은 기쁨으로 그분 앞에 엎드려 예
수가 주이심을 시인할 것이며, 악한 영들과 구원받지 못한 영혼들은 통
곡하며 주 앞에 엎드리게 될 것입니다. 모든 영혼들이 예수가 주이심을
확연하게 인정할 것입니다. 교회는 이 놀라운 비전을 가슴에 품고 이 절
망스러운 세상을 이기며 살아가야 할 것입니다.

2) 죽음을 이기심

(고전 15:55)

죽음은 인간에게 올 수 있는 최악의 사건입니다. 인간은 죽음 앞에 철저하게 무기력합니다. 그러나 예수님은 죽음을 이기셨습니다. 인간은 스스로의 힘으로 사망을 이길 수 없는 존재입니다. 그러나 예수님은 죽음을 이기셨습니다. 인간을 가장 두렵게 하는 죽음이 그분 앞에선 그 힘을 잃었습니다.

3) 사탄의 권세를 이기심

(마 16:18)

죽음을 이기셨다는 것은 죽음의 공포를 통해 인간을 노예 삼았던 사탄을 이기셨다는 말입니다.
부활해서 교회의 머리가 되신 주님은 사탄의 죽음의 세력에 완전히 치명타를 가하시고 오늘도 수많은 사탄의 공격으로부터 교회를 보호하십니다.

우리는 어떤 힘든 시련이 와도 머리 되신 예수 그리스도 아래에 단단히 뭉친 교회 공동체입니다. 담대하십시오. 그리고 그분과 동행하십시오.

4) 승리하는 삶의 원동력

(갈 2:20)

우리는 더 이상 자신의 힘으로 사는 것이 아니라 부활하신 예수님 능력으로 삽니다.

5) 우리는 부활의 증인

(행 1:8)

부활하신 예수님을 만나면 당신의 지친 어깨가 펴지고 눈에 생기가 돌기 시작할 것입니다. 가슴이 다시 힘차게 박동하기 시작할 것입니다. 똑같은 일을 해도 이전과는 비교할 수 없는 기쁨이 충만할 것입니다. 우리는 부활의 증인으로 살아가야 합니다.

당신의 인생에 예수님을 만나고 기쁨으로 가득했던 시기가 언제였나요? 그 기쁨을 전하고 싶어 누군가를 전도하거나 섬겼던 일이 있다면 나눠주십시오.

5과 암송 구절

하나님이 세상을 이처럼 사랑하사 독생자를 주셨으니
이는 그를 믿는 자마다 멸망하지 않고
영생을 얻게 하려 하심이라
요한복음 3장 16절

시몬 베드로가 대답하여 이르되
주는 그리스도시요 살아 계신 하나님의 아들이시니이다
마태복음 16장 16절

사람의 몸을 입고 오신 하나님

하나님이 이 땅에 사람의 몸을 입고 오신 것이 바로 예수 그리스도이십니다. 이것을 가리켜 성육신이라고 합니다. 예수님은 완전한 인간이시며 동시에 완전한 하나님이십니다. 하나님이 사람이 되셨다는 것 자체가 얼마나 큰 고통을 감내한 겸손이요, 사랑인지 모릅니다. 아름다운 천국에서 살던 거룩하신 하나님의 아들이 하늘 보좌를 버리고 이 더러운 인간의 땅에 와서 사는 고통을 우리는 상상할 수가 없습니다. 예수님은 자신을 철저히 배신한 인간을 구원하러 이 땅에 오신 사랑의 추적자이십니다.

십자가의 사랑

십자가는 우리를 향한 하나님의 사랑이 얼마나 큰지를 말해줍니다. 인류의 죄 문제를 해결하기 위해서는 흠이 없는 완전한 인간이 필요했습니다. 죄는 반드시 죽음으로 갚아야 하는데, 하나님은 죽으실 수 없는 존재이니 죄 없으신 하나님의 아들 예수님이 우리의 죄를 씻기 위해 희생제물이 되었습니다. 하늘과 땅의 모든 권세를 가진 하나님의 아들이 무기력한 자처럼 채찍에 맞고 두 손과 발에 못이 박혀 십자가에서 죽으셨습니다. 주님의 십자가 앞에서 우리는 영혼 깊은 곳에서 솟아나는 회개의 눈물을 터뜨릴 수밖에 없습니다.

죽음을 이긴 부활

부활은 죽음을 이기는 승리를 의미합니다. 인간을 가장 두렵게 하는 죽음을 예수님이 이기셨으므로 우리는 더 이상 사탄을 두려워하거나 겁낼 필요가 없습니다. 승리하신 예수님을 따라가면 우리가 이기지 못할 문제는 하나도 없습니다. 우리 안에 세상이 주는 기쁨과는 비교도 되지 않는 하늘의 기쁨이 가득 차게 되고, 빛을 잃었던 눈동자에 생기가 넘쳐흐르며, 예수 그리스도의 능력을 힘입어 초자연적인 삶을 살게 됩니다.

Christianity Essence School

성령 하나님

요한복음 14장 16,17절

내가 아버지께 구하겠으니 그가 또 다른 보혜사를 너희에게 주사

영원토록 너희와 함께 있게 하리니 그는 진리의 영이라

세상은 능히 그를 받지 못하나니 이는 그를 보지도 못하고 알지도 못함이라

그러나 너희는 그를 아나니 그는 너희와 함께 거하심이요 또 너희 속에 계시겠음이라

LESSON 6

성령 하나님
the Holy Spirit

 **마음 문을 열면서**

가수 윤복희 씨가 불렀던 〈여러분〉이라는 노래를 알고 계십니까?

> 네가 만약 괴로울 때면 내가 위로해줄게
>
> 네가 만약 서러울 때면 내가 눈물이 되리
>
> 어두운 밤 험한 길 걸을 때 내가 내가 내가 너의 등불이 되리
>
> 허전하고 쓸쓸할 때 내가 너의 벗 되리라
>
> 나는 너의 영원한 형제야 나는 너의 친구야
>
> 나는 너의 영원한 노래여
>
> 나는 나는 나는 나는 너의 기쁨이야

이 노래를 들으면서 당신이 이와 같이 어려웠을 때 생각났던 사람이 있다면 나눠주십시오.

1. 성령 하나님

1) 예수님이 보내신 보혜사

(요 16:7)

'보혜사'(Counselor)를 보다 정확히 번역하면, 옆에서 함께 동행하면서 도 와주는 코치 같은 존재라고 표현할 수 있습니다.

겉으로 드러나지 않지만 코치의 역할은 절대적입니다. 아무리 위대한 선 수도 코치 없이 혼자 성공하는 경우는 거의 없습니다.

우리 속에 거하시고, 우리 곁에 계셔서 24시간 동행하시는 세계 최고의 명코치이신 성령님이 아니면 우리는 아무것도 아닌 존재들입니다.

2) 영원한 동반자

(요 14:16)

성령님은 영원히 우리를 떠나지 않고 함께 동행해주십니다.

성령님은 당신과 함께하시며 교제하기를 원하시는 분입니다.

그래서 기도하고 말씀을 묵상하는 사람을 기뻐하십니다.

3) 진리의 인도자

(요 16:13)

성령의 감동으로 쓰여진 하나님의 말씀을 이해하기 위해서는 우리의 마음을 성령께서 감동시켜주셔야 합니다.

(요 14:26)

급변하는 이 세상에서, 모든 위기의 순간에 가장 정확한 답을 갖고 계신 분이 하나님입니다. 성령은 비전을 주시고, 그 비전을 이루어가는 과정을 세밀하게 간섭하시고 인도해주십니다. 우리는 모든 것을 성령님께 의지하고, 자신의 명철을 자랑하지 말아야 합니다.

4) 살리시는 영

(롬 8:11)

성령님이 역사하시면 죽은 영혼은 살아납니다. 성령님은 우리 삶의 모든 부분까지 살리기를 원하십니다.

이 시간 당신의 삶 속에 성령님이 오셔서 살리시고 회복시키기 원하는 영역이 있다면 무엇인지 나눠주십시오. 그리고 멘토와 함께 그것을 기도로 올려드리십시오.

---

5) 하나 되게 하시는 분

(엡 2:22)

교회는 주님의 몸입니다. 예수님은 머릿돌이 되시고, 우리는 좌우상하로 연결되는 돌들입니다. 그리고 성령님은 돌과 돌을 떨어지지 않게 붙여주는 시멘트와도 같은 역할을 하십니다. 성도가 교회 공동체의 식구가 되면 하나님께서 성령 안에서 연합하게 하시며, 다양성 안에서 통일성을 이루게 하십니다.

2. 성령세례

1) 하나님이 주시는 선물

(행 1:5)

성령님이 내게 임하시는 것을 성령세례라고 하는데, 이는 곧 세례를 받는 것처럼 성령 안에 잠기는 것을 의미합니다. 또한 성령께서 함께 하실 때 일어나는 모든 사건을 말합니다. 성령세례는 나에게 주도권이 있지 않고, 성령님께 있는 불가항력적인 '하나님의 사건'입니다. 그것은 우리의 불완전함을 무릅쓰고 주시는 하나님의 선물입니다.

2) 성령세례의 정의

① 구원 사건

(롬 8:16)

성령세례는 구원 사건 혹은 우리가 하나님의 자녀, 즉 거룩한 백성이 되어 세상과 구별되는 일입니다.
구원사건으로써의 성령세례는 과거완료형입니다. 우리가 받은 구원의 사실은 변하지 않습니다. 그러나 구원에 대한 우리의 확신이 흔들릴 때, 구원의 확실성을 우리에게 증거하시고, 구원의 즐거움을 회복시켜주시는 분이 바로 성령님이십니다.
그런 맥락에서 구원이란 현재진행형입니다.

② 인격 변화

(갈 5:22,23)

성령님은 인격체이시기에 성령세례를 받으면 우리의 인격도 크게 영향을 받습니다. 성령님은 죄로 인해 깨어진 하나님의 형상을 회복시키시며 속사람을 변화시켜주십니다.

> '인격 변화'(character transformation)란 구원받은 사람의 삶 속에서 성령의 열매(갈 5:22,23)를 맺는 것을 말합니다.

성령의 아홉 가지 열매 중에 당신의 삶 속에 열매를 많이 맺고 있는 부분
과 열매를 맺지 못하는 부분이 무엇인지 나눠주십시오.

③ 능력 부여

(행 1:8)

성령이 임하면 사명을 감당할 특별한 하늘의 능력이 우리에게 임하게 되
는데, 이것을 가리켜 '성령의 은사'(Gift of the Holy Spirit)라고 합니다.
새로운 사명을 주실 때마다 새로운 능력 또한 부어주십니다. 그런 맥락
에서 능력 부여는 과거완료형이며 동시에 끝없는 현재진행형입니다.

당신의 신앙생활 가운데 성령의 능력으로 인해 달라진 부분이 있다면 나
눠주십시오.

3. 성령세례에 대한 균형잡힌 이해

1) 같은 용어, 다른 용법
성령세례를 교파와 교단에 따라 다르게 이해하기도 하는데, 이는 어떠한 사건에 무게를 두는가에 차이가 있을 뿐, 성령세례의 세 가지 차원인 구원의 확신, 인격의 변화, 능력의 기름부으심은 모두 인정합니다.

2) 전도와 선교의 진정한 동기부여
오직 성령이 너희에게 임하시면 너희가 권능을 받고 예루살렘과 온 유대와 사마리아와 땅끝까지 이르러 내 증인이 되리라 하시니라 (행 1:8)

크리스천은 성령세례를 통해 확실한 정체성을 갖게 되고, 하늘의 능력을 받음으로써 천국 복음을 전파하게 됩니다.

4. 성령충만 vs 성령소멸

1) 성령충만을 사모하기

(엡 5:18)

이 말씀에서 성령충만은 영어성경 NIV에서는 Be filled with the Holy Spirit로 번역되어 있습니다. 이것은 '성령충만을 받으라'가 아니고 '성령충만하라'는 의미인 것입니다.
성령세례는 하나님이 주시는 것이며 우리는 그것을 받아들이면 됩니다. 그러나 성령충만은 우리의 의지적 결단으로 되는 것입니다. 성령충만이란 성령님께 나를 활짝 열어드리는 결단입니다.

2) 다스리심과 인도하심을 받기

(계 3:6)

성령충만은 성령님의 지배를 받는 상태, 즉 성령께서 우리를 온전히 다스리시고 인도하시는 상태를 말합니다. 그 안에서 성령께서 우리에게 말씀하실 때마다 "네!" 하고 순종하는 것이 바로 성령충만입니다..

5. 성령소멸

1) 성령의 불을 끄지 말기

(살전 5:19)

_________________이 우리의 선택이듯이 _____________도 우리의 선택입니다. 성령충만의 반대어는 성령소멸입니다.

영어성경 NIV에서는 Do not put out the Spirit's fire라고 번역되어 있습니다. 이것은 "성령의 불을 _끄지 말라_"는 의미입니다.

여기서 중요한 것은 소멸의 대상이 성령님 자체가 아니라, 성령께서 주시는 감동의 불씨라는 것입니다.

2) 성령의 불이 꺼지는 원인

① 해결되지 않은 죄의 문제

(시 51:11,12)

우리가 구원을 잃어버릴 수는 없습니다. 구원의 조건이 우리의 의(義)가 아니고, '예수 그리스도의 십자가'의 의이기 때문입니다. 그러나 우리가 행하고도 고백하지 않은 죄나 방치해둔 죄로 인하여 구원의 기쁨을 잃어 버릴 수는 있습니다. 성령소멸이 바로 그런 것입니다. 그러므로 우리는 최대한 빨리 죄를 회개해야 합니다. 성령의 사람은 실수하지 않는 사람이 아니라 실수 앞에서 변명하지 않고 빨리 무릎 꿇는 사람입니다.

② 게으름과 나태함

하나님이 목적을 가지고 능력을 주셨는데 하나님의 일을 하지 않으면 자연스럽게 소멸될 수밖에 없습니다.

또한 영적 능력이란 말씀과 기도의 두발 자전거와도 같습니다. 교만하지 말고 날마다 말씀 묵상과 기도에 힘써서 성령이 소멸되지 않도록 주의해야 합니다.

당신 혼자의 힘으로는 영원한 승리와 생명의 길을 갈 수 없기 때문에 성령님이 당신을 구원의(생명) 길로 인도하기 위하여 오셨습니다. 성령님은 당신의 처음과 끝을 아시는 유일한 분이십니다. 이제 성령님께서 당신 안에서 그분의 뜻대로 행하시도록 그분을 초청하십시오. 마음의 중심을 내어드리십시오. 성령님은 당신을 보호하시고, 은혜주시며, 진리의 길로 인도하실 것입니다.

이 시간 당신의 삶 속에 성령님을 초청하며 함께 기도해보십시오. 멘티와 멘토의 순서로 기도해주십시오.

6과 암송 구절

보혜사 곧 아버지께서 내 이름으로 보내실 성령
그가 너희에게 모든 것을 가르치고
내가 너희에게 말한 모든 것을 생각나게 하리라
요한복음 14장 26절

오직 성령의 열매는 사랑과 희락과 화평과
오래 참음과 자비와 양선과 충성과 온유와 절제니
이같은 것을 금지할 법이 없느니라
갈라디아서 5장 22,23절

성령 하나님의 특징

성령님은 예수님이 보내신 보혜사입니다. 보혜사는 옆에서 함께 동행하면서 도와주는 코치 같은 존재입니다. 그분은 영원히 우리 곁을 떠나지 않고 지켜주시는 분입니다. 또한 성령님은 예수님과 똑같은 능력을 가지신 인격체이십니다. 그래서 불처럼 뜨겁게 능력으로 임하시지만 질서와 균형이 있고, 평안함과 경건함이 있습니다. 그분은 시간과 공간을 초월하여 우리를 진리로 인도하시고 영혼이 살아나게 하시며 주님의 몸인 교회를 연합하게 하십니다.

성령세례

성령세례란 성령님이 각 사람 안에 임하시는 것을 말합니다. 또한 그 성령님이 함께하실 때 일어나는 모든 사건을 의미하기도 합니다. 성령세례는 사람의 노력이 아닌 하나님의 절대 주권으로 일어납니다. 교단과 교파에 따라 성령세례라는 단어를 사용하는 뉘앙스가 다릅니다. 그러나 총체적으로 보면 성령세례는 '성령이 임하셔서 구원받은 사건, 성령으로 인한 인격의 변화, 성령으로 인해 능력으로 충만해지는 것'을 모두 포함합니다. 성령체험을 제대로 하면 인격이 훌륭해지고 자신이 받은 은사를 하나님 나라를 위해 선용하게 됩니다.

성령의 충만

성령님이 우리를 온전히 다스리시고 인도하시게 되면 우리 안에 유연하고 부드러운 새 마음을 주십니다. 그러면 우리는 모든 상황에서 자신의 경험과 지식, 인맥 등을 내려놓고 하나님의 뜻을 구하며 기쁘게 순종할 수 있습니다. 성령충만하면 생각과 언어가 달라지고, 능력 있는 말씀이 흘러나오며, 여유와 기쁨과 평화가 넘치는 삶을 살게 됩니다. 전도하지 않고는 견딜 수 없는 역동적인 삶이 눈앞에 펼쳐집니다. 그러나 해결되지 않은 죄 문제와 영적인 게으름은 성령이 주시는 감동의 불씨를 소멸할 수 있으므로 주의해야 합니다.

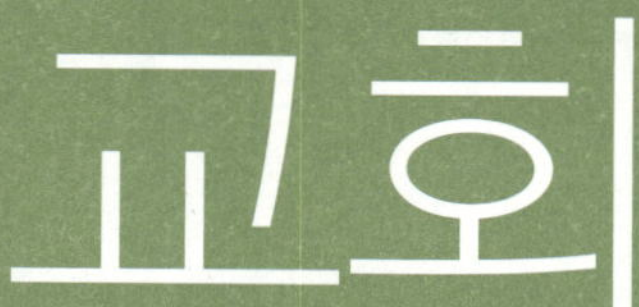

CHURCH 교회

또 내가 네게 이르노니 너는 베드로라 내가 이 반석 위에 내 교회를 세우리니
음부의 권세가 이기지 못하리라 내가 천국 열쇠를 네게 주리니
네가 땅에서 무엇이든지 매면 하늘에서도 매일 것이요
네가 땅에서 무엇이든지 풀면 하늘에서도 풀리리라 하시고

LESSON 7

Church

교회

 **마음 문을 열면서**

당신은 교회가 무엇이라고 생각하십니까? 당신이 생각하는 교회의 이미지에 비추어 볼 때 지금 교회에서 만족하거나 만족하지 못하는 부분은 무엇인지 간단하게 나눠주십시오.

____

____

____

____

____

____

____

 **에센스로 들어가기**

우리는 교회라는 단어를 떠올릴 때 보통 건물을 생각합니다. 하지만 교회는 건물이 아닙니다. 교회는 주님의 꿈으로부터 시작되었습니다.

1. 주님의 두 가지 꿈

예수님께서 이 땅에 오셔서 자신의 사명을 감당하실 때 두 가지의 꿈을
가지고 계셨습니다.

1) 십자가

(롬 5:8,9)

십자가에서 죽으심으로 우리의 죄 문제를 해결하는 것이 우리와 세상을
향한 주님의 큰 꿈이셨습니다.
어떤 꿈을 이루려면 그 꿈을 꾼 사람이 희생해야만 합니다. 예수님도 우
리를 구원하고자 하는 그 꿈을 이루기 위해 죽으셨습니다.

2) 교회

(엡 3:10,11)

십자가의 구원을 온 세상에 알리는 방법으로 교회를 선택하셨습니다. 그
러므로 교회의 사명은 예수님의 사랑을 세상에 나누고 세상을 변화시키
는 것입니다.

2. 교회의 정의

(마 16:18)

1) 에클레시아

교회는 헬라어로 '에클레시아'라고 하는데, 이는 '하나님의 부르심을 받은 사람들의 모임'이라는 의미입니다. 여기서 우리는 교회의 구성원은 사람이 아닌 하나님이 결정하신다는 사실을 알 수 있습니다.

하나님께서 한 사람 한 사람 선택하시고 부르셨기에 우리는 구성원에 대해 불평해서는 안 되는 것입니다. 믿음은 개인적인 것이지만 공동체는 하나입니다.

2) 보이는 교회 vs 보이지 않는 교회

16 만물이 그에게서 창조되되 하늘과 땅에서 보이는 것들과 보이지 않는 것들과 혹은 왕권들이나 주권들이나 통치자들이나 권세들이나 만물이 다 그로 말미암고 그를 위하여 창조되었고 17 또한 그가 만물보다 먼저 계시고 만물이 그 안에 함께 섰느니라 18 그는 몸인 교회의 머리시라 그가 근본이시요 죽은 자들 가운데서 먼저 나신 이시니 이는 친히 만물의 으뜸이 되려 하심이요 (골 1:16-18)

칼빈(John Calvin, 1509-1564)은 눈에 '보이는 교회'와 '보이지 않는 교회'가 있다고 했습니다.

① 보이는 교회(가시적 교회)

우리 눈에 보이는 교회의 건물이며 그 건물을 채운 사람들을 말합니다.

② 보이지 않는 교회(불가시적 교회)

예수 그리스도를 분명히 알고 고백하여 그리스도의 보혈로 구원받은 성도들을 말합니다.

하나님이 보시는 교회는 보이지 않는 교회입니다. 영적 세계에서만 확인되는 보이지 않는 교회야 말로 참된 교회입니다.

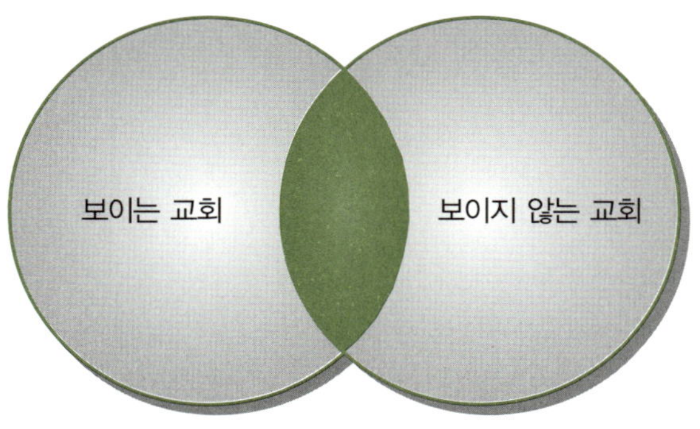

■■■■■■■일수록 교집합이 커집니다.

3. 예수님의 교회

1) 고백 공동체

(마 16:16,17)

예수님을 제대로 인식하고 고백하는 것이 중요합니다.

베드로의 "주는 그리스도시요 살아계신 하나님의 아들입니다"라는 고백
은 영혼을 구원하고 교회의 초석을 놓는 역사적인 고백입니다.

예수님이 누구이신지를 정확히 고백하게 하는 영적 주체는 본인의 의지
가 아니라 성령의 감동으로 깨닫게 해주신 하나님이 주시는 것입니다.

당신은 예수님을 누구라고 생각하십니까? 자신의 언어로 고백해보시기
바랍니다.

2) 예수 공동체

(마 16:18)

이 구절은 해석이 극히 예민하여 신학적으로 치열한 논쟁의 초점이 되었습니다. 가톨릭에서는 "베드로 위에 교회가 세워진다"로 해석하여 베드로를 초대 교황으로 삼고, 그 뒤를 잇는 모든 교황들이 그리스도의 권위를 위임 받아 교회에서 신적 리더십을 발휘할 수 있다고 해석합니다.

그러나 베드로는 헬라어로 '페트로스'이고, 반석은 '페트라스'입니다. 전자는 작은 돌이고, 후자는 크고 단단한 바위입니다. 분명히 다른 단어입니다.

교회가 세워지는 토대가 되는 반석은 베드로가 살아계신 하나님의 아들이라고 고백한 예수 그리스도이십니다. 그분의 지혜와 능력과 사랑과 변함이 없으신 신실하심 위에 하나님의 교회가 세워지는 것입니다.

① 교회의 머리 되시는 예수님

(엡 4:15)

교회의 머리는 예수 그리스도이심을 성경은 분명하게 말합니다. 이것을 확실히 하는 데서부터 진정한 교회의 개혁은 시작됩니다.

예수님이 교회의 머리이시기 때문에, 교회의 모든 지체들은 철저하게 예수님 중심으로 연결되어 있어야 합니다.

머리이신 예수님과의 연결이 마비된 교회는 제 구실을 하지 못합니다.

그러므로 교회는 철저하게 머리 되신 예수님 중심이어야 합니다.

머리 되신 예수님의 말씀에 당신이 순종하는 부분과 순종하지 못하는 부분에 대해 나눠주십시오. 그리고 예수님의 말씀에 순종하기로 결단하는 시간을 가지시길 바랍니다.

② 교회를 다스리시는 예수님

교회를 세우시고 또 세워가시는 이는 예수님이십니다. 과거완료형이면서 현재진행형이며, 미래형 동사입니다.

주님의 교회는 아무리 작고 보잘것없는 시작이라도 주님의 손에서 시작됩니다. 그러므로 하나님의 교회는 하나님의 방법대로 말씀과 기도 안에서 하나님의 뜻에 민감한 리더십에 의해 운영되어야 합니다.

③ 교회를 성장시키시는 예수님

(엡 4:16)

'세워간다'는 것은 성장시켜간다는 뜻이기도 합니다.

예수님은 말씀이 성육신 되신 분이며 교회의 머리이십니다. 그래서 예수님은 말씀으로 교회를 건강하게 성장시켜가십니다.

종교개혁은 마르틴 루터가 성경을 쉬운 독일어로 번역해서 모든 사람들이 말씀을 직접 읽고 하나님을 만나게 한 데서부터 시작했습니다.

특별히 모든 성도는 본인이 직접 말씀을 읽고 하나님과 교제할 수 있습니다. 우리는 다 '왕 같은 제사장들'인 것입니다. 이것을 '만인제사장론' (Priesthood of All Believers)이라고 합니다.

당신은 말씀을 통해 영적으로 계속 성장하고 있다고 느낍니까? 성장이
멈춰 있다고 느낀다면 그 이유는 무엇이라고 생각하는지 나눠보십시오.

---

3) 능력 공동체

(마 16:18)

교회는 영적 권위와 성령의 능력을 가진 곳입니다. 아무리 작고 연약해
보이는 교회라도 교회의 주인이신 하나님이 그 교회를 붙들고 있기 때문
에 어둠의 권세가 결코 이기지 못합니다.
교회가 가지고 있는 능력에 대해 구체적으로 살펴보겠습니다.

① 말씀과 기도의 능력

(엡 5:26,27)

교회의 권위와 능력은 그것을 위임하신 예수님의 말씀에 교회가 철저히
순종하고 있을 때 지켜집니다. 또한 교회가 거룩한 능력을 유지하기 위해
서는 말씀과 기도가 함께 있어야 합니다. 주님과 깊이 교제하는 통로는
말씀이요 기도입니다.
주님은 말씀으로 교회를 끊임없이 거룩하게 하십니다. 거룩이 곧 능력이
기 때문입니다. 교회가 교회 되게 하는 것, 교회에게 능력을 부여하는 것
은 거룩입니다. 따라서 거룩하지 않은 교회의 리더십과 거룩하지 않은 교
회를 두려워할 사람은 아무도 없습니다. 살아있는 교회는 끊임없이 말씀

의 잔치가 일어나야 하고 동시에 기도의 향유가 올라와야 합니다. 이 두 가지가 교회가 교회 되게 하고 교회에게 능력을 부여하며, 또한 어두움의 권세를 묶는 것입니다.

② 영적 능력

(엡 4:16)

'음부의 권세가 이기지 못하는 교회'는 영적 능력을 지닌 주님의 군대입니다. 군대는 훈련을 강하게 받아야 합니다. 훈련에서 중요한 것은 성도의 교제(Fellowship)입니다.

③ 영적 권위와 질서

(벧전 5:5)

영적 군대에서 중요한 것은 영적 권위와 질서를 세우는 것입니다. 권위주의는 좋지 않지만 권위는 반드시 세워져야 합니다. 교회의 권위는 직분이 주는 게 아니라 영적 실력과 인품이 주는 것입니다.

당신이 거룩한 능력을 유지하며 영적 실력을 갖추기 위해 하나님 앞에서 성실하게 훈련하는 것은 무엇입니까?

4) 사명 공동체

(마 16:19)

천국 열쇠는 예수 그리스도께서 가지고 계신 열쇠입니다. 즉, 천국은 예수님을 통하지 않고는 들어갈 수가 없습니다. 그러므로 교회는 천국 열쇠를 쥔 공동체입니다.

① 증인의 사명

하나님은 천국 열쇠를 하나님의 자녀 된 우리에게 주십니다. 교회가 하나님의 말씀을 선포하고 가르칠 때, 천국 문을 열어서 하늘과 땅을 연결시키는 것입니다.

천국 열쇠란 하늘나라로 들어가는 열쇠 곧, 사람들을 구원시키는 것을 말합니다.

교회는 이 땅에 있는 죄인들이 천국으로 갈 수 있는 축복의 통로입니다. 예수 그리스도의 증인으로서 한 영혼, 한 영혼이 천국으로 갈 수 있도록 하는 것, 그것이 교회에 주신 부르심입니다.

(사 43:10)

하나님은 예수님의 피로 구원하신 우리들을 하나님의 증인으로 세우셨습니다. 증인이 다른 사람에게 전할 때 전도라고 하고, 다른 문화권으로 확대될 때 선교라고 합니다. 그렇기 때문에 전도와 선교는 교회의 어느 특정부서가 감당하는 것이 아니라 교회 전체의 사명이자 정체성인 것입니다.

② 나그네 정신

(시 119:54)

증인으로서 교회는 나그네 정신을 지녀야 합니다. 나그네의 삶과 같이 모든 거품을 빼고 정말 중요한 것을 선택하여 그것에 집중해야 합니다.

이 과를 배운 후에 교회에 대해 달라진 생각(이미지)을 나눠주십시오.

교회의 정의

십자가는 세상을 향한 하나님의 사랑의 확증이고, 교회는 그 십자가의 구원을 온 세상에 알리는 역할을 합니다. 교회는 헬라어로 '에클레시아'인데, 이는 '하나님의 부르심을 받은 사람들'이라는 뜻입니다. 하나님은 건물로서 보이는 교회보다, 예수 그리스도의 보혈로 구원받은 성도들로 구성된 보이지 않는 교회에 초점을 두십니다. 구원받은 사람들의 공동체인 교회는 예수님의 사랑을 세상에 나누고, 세상을 변화시켜야 할 사명을 갖고 있습니다.

예수님의 교회

교회가 세워지는 토대가 되는 반석은 살아 계신 하나님의 아들이신 예수 그리스도입니다. 인간은 다만 하나님의 도구로 쓰임 받는 존재이며, 교회의 머리 되신 예수 그리스도께 순종하며 거룩을 유지할 때, '음부의 권세가 이기지 못하는 교회'가 됩니다. 영적 능력이 강한 교회는 말씀과 기도를 통해서 충전되는 성령의 능력이 있으며, 기쁨의 교제 가운데 영적 권위와 질서가 세워져 있습니다. 교회의 권위는 직분이 주는 게 아니라 영적 실력과 인품이 주는 것이므로 하나님 앞에서 성실하게 훈련하는 것이 중요합니다.

사명 공동체

교회는 천국의 열쇠를 쥔 전도와 선교 공동체입니다. 교회가 하나님의 말씀을 선포하고 가르침으로써 많은 사람들이 천국에 갈 수 있도록 하늘과 땅을 연결시키는 사명을 감당해야 합니다. 잃어버린 영혼을 향한 하나님 아버지의 마음을 품고 각 교회에 맞게 하나님이 맡기신 증인으로서의 역할을 수행하며 부흥을 꿈꿔야 합니다. 증인으로서 교회는 나그네의 삶과 같이 모든 거품을 빼고 최대한 단순하고 가벼운 자세를 취해야 합니다. 항상 민첩하고 예의 바른 자세로 정말 중요한 것을 선택하여 그것에 집중하는 삶을 살아야 합니다.

기도와 말씀 묵상

디모데전서 4장 5절

하나님의 말씀과 기도로 거룩하여짐이라

LESSON 8

기도와 말씀 묵상

the Word of GOD & Prayer

 **마음 문을 열면서**

기도할 때 가장 어렵게 느껴지는 것이 무엇입니까? 또한 혼자 말씀을 읽을 때 힘든 점은 무엇입니까?

에센스로 들어가기

기도와 말씀 묵상은 영적 성장에 있어 필수적인 요소입니다. 먼저 기도에 대해 알아보겠습니다.

1. 하나님 자녀의 특권

기도에 대해 예수님께 배우는 것보다 더 잘 배울 수 있는 방법은 없습니다. 예수님이 보여주신 기도의 모델이 바로 마태복음 6장에 나오는 주기도문입니다.

(마 6:9)

전문가의 세련된 브리핑과 자녀의 부탁 중 어느 것이 당신에게 더 설득력이 있을까요? 기도에 있어서 중요한 것은 "무엇을 어떻게 기도하느냐"가 아니라 "누가 기도하느냐"입니다.

2. 쌍방향 커뮤니케이션

기도는 ▒▒▒▒▒▒이 시작하셨습니다.

1) 하나님의 초대

(계 3:20)

우리가 기도하고 싶다는 마음이 드는 것은 하나님의 영이 우리에게 신호를 보내고 목마름을 넣어주신 것입니다.

2) 하나님과의 지속적인 대화

(창 5:24)

하나님과 동행하는 사람은 쉬지 않고 기도하는 사람입니다. 기도는 하나님과 우리의 쌍방향 커뮤니케이션이기에 우리에게 먼저 말씀하신 하나님께 끊임없이 반응하는 것입니다.

3. 하나님의 뜻대로 구하는 것

(요일 5:14)

기도는 내 뜻을 가지고 하나님을 설득하는 것이 아니라, 하나님의 뜻을 알고 그 뜻에 내가 설득 당하는 것입니다. 곧 기도는 하나님의 뜻이 나를 통하여 이 땅에 이루어지게 하는 도구입니다.

1) 주님과 깊은 교제 안에서 기도하기

(요 15:7)

우리는 이 말씀의 후반부에만 집중하는 경우가 많은데 그전에 우리가 하나님 안에 거하고 하나님의 말씀이 우리 안에 거하는 과정이 선행되어야 합니다. 하나님의 뜻과 내 마음이 혼연일치될 때 무엇이든 구할 때 이루어주신다는 것입니다.

하나님께서 우리의 필요를 알고 계시면서도 우리로 기도하게 하시는 이유는 무엇일까요? 생각나는 대로 적어보십시오.

2) 욕심 vs 필요

(빌 4:19)

'모든 쓸 것'은 영어성경으로 'all your needs'(너희의 모든 필요)입니다.
우리는 자주 많은 욕심을 내서 구합니다. 그럴 때 성령께서는 우리의 욕심을 걸러내시고 우리의 육체와 영혼의 필요를 정확하게 채워주십니다.

3) 순종을 전제로 기도하기

(마 6:10)

'하늘에서 이루어진 것같이'라는 말씀의 뜻은 시간적으로 하늘에서 먼저 이루어졌다는 것을 의미합니다. 하늘에서 먼저 정해진 것이 땅으로 옮겨지게 하는 것이 기도라는 말입니다.
하나님의 뜻은 내가 받아들이기 편하고 좋은 것이 아닐 수도 있습니다. 순종은 자기 자신을 완전히 하나님의 손에 맡겨드리는 철저한 자기포기입니다. 자신의 마음을 하나님의 나라와 그의 의에 고정시키고, 어떤 말씀을 주실지라도 순종하고자 할 때, 하나님의 뜻은 기도하는 당신을 통하여 이루어질 것입니다.

4) 하나님의 마음을 품고 기도하기

성경에서 '하나님의 뜻'(Will of God)은 대부분 복수가 아닌 단수형으로 쓰입니다. 이것은 성경 전체를 관통하는 단 하나의 거대하고 변함없는 하나님의 뜻과 목적이 있다는 의미입니다.

기도하는 가운데 자신의 뜻을 내려놓고 하나님의 뜻에 순종했던 경험이
있나요?

4. 응답의 확신

(요일 5:15)

하나님의 뜻대로 기도하는 자녀의 기도는 하나님께서 반드시 응답하십
니다. 다만 그 응답하시는 때와 방법은 우리의 기대와 다를 수 있기에 하
나님께서 응답하시는 방법을 이해하는 것이 중요합니다.
먼저 하나님과 성도의 기도의 생활을 무너뜨리려는 사탄의 방해가 우리
에게 어떻게 다가오는지 살펴보도록 하겠습니다.

1) 사탄의 보이스 피싱 주의하기

(고후 11:14,15)

기도가 하나님과 성도를 연결하는 정말 중요한 대화의 통로임을 잘 아는
사탄은 보이스 피싱을 통해 우리의 기도생활을 망가뜨리려 합니다.

2) 기도 응답의 방법

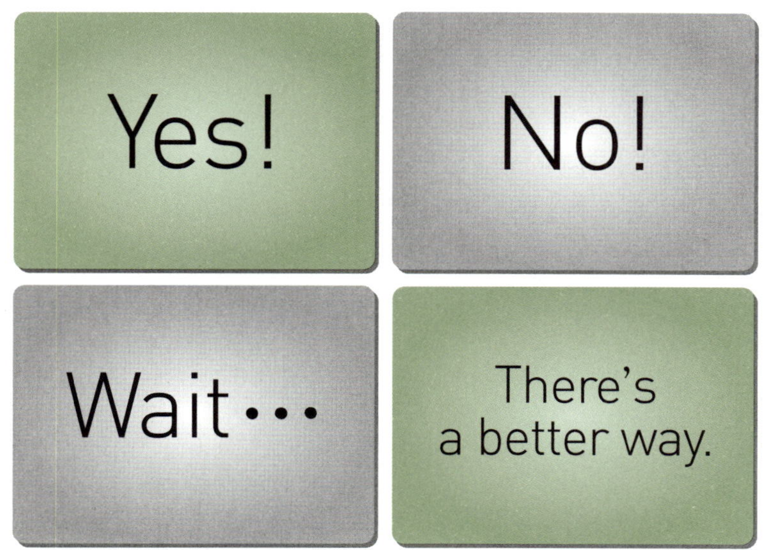

하나님의 자녀가 드리는 기도는 반드시 응답됩니다. 중요한 것은 기도
응답을 어떻게 정의하느냐에 있습니다. 진정한 기도 응답은 하나님께서
우리의 기도를 들으셨다는 사실 그 자체입니다.

3) 하나님의 뜻을 확인하는 방법들

《하나님을 경험하는 삶》이라는 책에서 헨리 블랙커비 목사님이 제시한
하나님의 뜻을 확인하는 몇 가지 요소들을 적극 활용하십시오. 기도, 말
씀, 공동체, 그리고 주위 상황을 통해 동일하게 말씀하시는 하나님의 뜻
을 분별할 수 있습니다.

① 본인의 기도

하나님은 우리에게 마음의 소망을 품고 기도하게 하십니다. 개인의 욕심
으로 시작된 경우, 하나님의 뜻을 분별하려는 마음만 있다면 성령님께서
기도의 방향을 바꿔가십니다.

② 하나님의 말씀

하나님의 영은 말씀을 통해 역사합니다. 이를 위해 매일 정기적으로 하나님의 말씀을 읽고 묵상하는 큐티(QT : Quiet Time) 훈련이 필요합니다.

③ 교회 공동체의 점검

영은 영으로 통하기에 믿음의 사람들끼리 교제가 중요하고 기도의 동지들이 필요합니다. 자신의 문제에 부딪히면 대부분의 사람들은 객관성을 잃기가 쉽기 때문에 믿음의 공동체가 곁에서 함께 체크해주는 것이 중요합니다.

④ 주위 상황을 통한 분별

하나님은 역사의 주관자이십니다. 그러므로 모든 시대적 상황 가운데 하나님이 움직이시는 것을 섬세하게 분별해야 합니다. 하나님의 음성은 아주 다양한 채널을 통해 우리에게 흘러 들어옵니다. 당신의 모든 영적 감각을 열어놓으십시오.

당신이 기도할 때 하나님께서 "Yes"나 "No" 또는 "Wait"나 "There's a better way"로 응답해주셨던 경험들을 나눠주십시오.

5. 말씀 묵상이란

하나님의 말씀은 완전합니다. 하나님의 말씀을 신뢰하고 인도함 받는 것
을 ▨▨▨▨▨하는 삶이라고 합니다.

이제껏 당신이 이해해왔던 '생각'과 '묵상'의 차이점은 무엇입니까?
당신이 새롭게 이해한 부분이 있다면 무엇인지 나눠주십시오.

말씀 묵상은 하루 중 가장 조용한 ▨▨▨▨과 ▨▨▨▨를 정하여 하
나님과 ▨▨▨▨▨으로 깊은 교제를 누리며 묵상한 말씀을 삶에
▨▨▨▨하는 것입니다.

> 말씀 묵상은 '순수하고 단순한 마음으로 하나님의 말씀을 되뇌는 것'을 의미합
> 니다. 묵상을 뜻하는 라틴어 'meditatio'의 어원은 영어 'medicine'의 어원과 같
> 습니다. 약이 몸 안에 들어와 약효를 내듯, 말씀 묵상이란 하나님의 말씀이 우리
> 의 내면과 삶으로 들어와서 영향을 미치는 것을 의미합니다.

6. 말씀 묵상의 목적

성경 말씀은 우리를 향해 자신을 드러내고자 하시는 하나님의 애틋한 사랑의 편지입니다.

1) 하나님의 인도하심을 받기 위해서

(딤후 3:16)

2) 인생의 방향을 제시 받기 위해서

(시 119:105)

'내 발의 등'이라는 말씀은 멀리서부터 비춰주는 등대와 같은 빛이 아니라 한 발자국마다 비춰주는 빛이란 뜻입니다. 우리를 이끌고 나가는 거룩한 표준, 확실한 리더십인 말씀을 붙들어야 합니다.

3) 주님을 닮아가기 위해서

(벧후 1:4)

크리스천에게 있어 최고의 목적은 하나님을 닮아가는 것입니다. 하나님의 말씀으로 우리를 채우고 그분의 인도함을 받을 때 주님의 ▆▆▆▆▆에 참여하는 자가 될 것입니다.

4) 하늘의 능력을 다운로드하기 위해서

(겔 37:9,10)

말씀에는 능력이 있습니다. 당신이 말씀으로 충만할 때 창조적인 인생을 경험하게 될 것입니다.

7. 말씀 묵상이 주는 축복

1) 영적 승리

(수 1:6,7)

큰 전쟁을 앞두고 있는 여호수아에게 하나님은 전쟁 장비나 전략을 알려주시지 않았습니다. 대신 말씀 묵상을 가르쳐주셨습니다. 말씀 묵상이 승리의 비결입니다. 말씀 묵상의 삶을 통해 우리는 영적인 승리를 얻게 됩니다.

2) 담대함과 평안함

(수 1:9)

우리가 말씀을 붙들고 있을 때, 어떤 대적이 몰려오고 사망의 음침한 골짜기를 통과할지라도 흔들리지 않습니다.

믿음생활이란 어떤 위대한 업적을 쌓는 것이 아닙니다. 하나님과 매 순간 동행하면서 평생을 사는 것입니다.

QUESTION / 적용 질문

당신이 말씀 묵상을 통해 주님과 동행하는 삶을 살면서 경험한 축복이 있다면 무엇인지 나눠주십시오.

8과 암송 구절

하나님의 말씀은 살아 있고 활력이 있어
좌우에 날선 어떤 검보다도 예리하여 혼과 영과 및 관절과
골수를 찔러 쪼개기까지 하며 또 마음의 생각과 뜻을 판단하나니
히브리서 4장 12절

주의 말씀의 맛이 내게 어찌 그리 단지요
내 입에 꿀보다 더 다니이다
주의 법도들로 말미암아 내가 명철하게 되었으므로
모든 거짓 행위를 미워하나이다
주의 말씀은 내 발에 등이요 내 길에 빛이니이다
시편 119편 103-105절

P.R.E.S.S. 방법으로 묵상하기

P ray for Moments 기도

말씀 묵상을 시작하기 전에 먼저 조용한 장소와 시간을 정하고 하나님의 음성을 듣는 기도로 시작합니다.

R ead His Word 성경 본문 읽기

주어진 성경 본문을 다양하게 읽을수록 좋습니다. 문맥을 살피고, 중요한 단어들을 유의하며 읽어야 합니다. 본문을 이해할 수 있을 때까지 충분히 읽어야 합니다.

E xegesis His Word 말씀을 관찰하기

성경 본문을 해석할 수 있어야 합니다. 해석(주석)은 쉽게 풀이한다는 뜻으로, 성경 본문이 그때 당시에 무엇을 의미하였는지 본문의 배경과 핵심 단어와 구절들을 살펴보는 과정입니다. 계시를 받는 것, 환상을 보는 것, 예언의 말씀을 듣는 것 이상으로 중요한 것이 말씀을 제대로 해석하는 것입니다. 하나님을 믿지 않는 느부갓네살 왕도 환상을 보았습니다. 그러나 오직 하나님의 사람 다니엘만이 그것을 해석할 수 있었습니다. 성경을 통해 주신 하나님의 말씀과 예언적 영감을 통해 주신 말씀은 서로 충돌하지 않습니다. 예언의 은사가 아름답게 역사하는 교회는 성경중심적입니다. 그러므로 그 사람의 예언이 진짜인지 아닌지를 테스트하는 중요한 기준은 그것이 성경 말씀과 일치하는지 그렇지 않은지를 보는 것입니다.

S hare to me 자신에게 적용하기

적용은 말씀을 실천하는 것입니다. 이는 말씀 묵상에 있어서 가장 핵심이라 할 수 있습니다. 적용의 시작은 성경 본문이 현재 자신에게 무엇을 의미하는지를 살펴보는 것입니다. 적용 방법에는 크게 세 가지가 있습니다.

- 내가 붙잡아야 할 약속은 무엇입니까?
- 내가 버려야 할 죄들은 무엇입니까?
- 내가 실행해야 할 것들은 무엇입니까?

S hare with others 다른 사람과 나누기

올바른 말씀 묵상을 위해서는 공동체 훈련이 필수입니다. 받은 은혜를 함께 나눌 수 있는 공동체에 속해 있는 것이 중요합니다.

✚ **다음 말씀을 PRESS 방법에 따라 묵상해보십시오.**

> 1 복 있는 사람은 악인들의 꾀를 따르지 아니하며 죄인들의 길에 서지 아니하며 오만한 자들의 자리에 앉지 아니하고 2 오직 여호와의 율법을 즐거워하여 그의 율법을 주야로 묵상하는도다 3 그는 시냇가에 심은 나무가 철을 따라 열매를 맺으며 그 잎사귀가 마르지 아니함 같으니 그가 하는 모든 일이 다 형통하리로다 (시 1:1-3)

CHECK

P 기도 ☐

R 성경 본문 읽기 ☐

E 말씀을 관찰하기 ☐

S 자신에게 적용하기 ☐

- 내가 붙잡아야 할 약속은 무엇입니까?

- 내가 버려야 할 죄들은 무엇입니까?

- 내가 실행해야 할 것들은 무엇입니까?

S 다른 사람과 나누기 ☐

하나님 자녀의 특권

건강한 크리스천은 하나님의 말씀을 향한 목마름이 있습니다. 하나님을 사랑하기 때문에 하나님에 대한 모든 것을 알고 싶어서 자동적으로 말씀을 사랑하게 되어 있습니다. 하루 중에 가장 신선하고 집중력이 뛰어난 시간을 떼어서 주님의 말씀에 집중할 때, 예수님은 인생의 길라잡이가 되어주셔서 세상을 두려워하지 않고 도전하는 삶을 살게 해주십니다. 우리는 예배를 통해서 문제보다 더 크신 하나님께 집중하며 현실의 태산 같은 장벽을 넘을 수 있습니다.

말씀을 묵상하는 방법

하나님의 말씀을 신뢰하고 인도함을 받기 위한 'PRESS' 말씀 묵상법이 있습니다. 먼저 말씀 묵상을 하기 전에 조용한 장소와 시간을 정하고 하나님의 음성을 듣는 기도로 시작합니다(Pray). 주어진 성경 본문의 문맥을 살피며 충분히 읽고(Read), 성경 본문이 당시에 무엇을 의미했는지 핵심 단어와 구절들의 상관관계를 살피며 주석합니다(Exegesis). 성경 말씀이 현재 자신에게 무엇을 의미하는지 살펴보고 실천하며(Share to me) 공동체 속에서 함께 나누고 격려하며 새 힘을 얻습니다(Share with others).

말씀 묵상의 유익과 축복

말씀 묵상은 철학자들의 지적 유희가 아닙니다. 하나님의 말씀을 제대로 묵상하면 주님을 닮아가고 하늘의 능력을 다운로드하며 늘 승리하는 삶을 살게 됩니다. 살아 있는 말씀 묵상을 통하여 하나님이 주셨던 약속들이 실제로 자신의 삶의 현장에 이루어지는 축복을 경험하게 됩니다. 말씀을 주야로 묵상하고 실천하는 사람은 외적으로 비전을 추수하게 되며, 형통한 삶을 삽니다. 말씀이 그 안에 가득 차서 내적으로 평안함과 담대함이 흘러넘쳐, 영혼이 풍성해지고 단단해지는 특권을 누리며 삽니다.

영적 전쟁

에베소서 6장 10-13절

끝으로 너희가 주 안에서와 그 힘의 능력으로 강건하여지고
마귀의 간계를 능히 대적하기 위하여 하나님의 전신 갑주를 입으라
우리의 씨름은 혈과 육을 상대하는 것이 아니요
통치자들과 권세들과 이 어둠의 세상 주관자들과 하늘에 있는
악의 영들을 상대함이라 그러므로 하나님의 전신 갑주를 취하라
이는 악한 날에 너희가 능히 대적하고 모든 일을 행한 후에 서기 위함이라

LESSON 9

영적 전쟁

Spiritual Warfare

마음 문을 열면서

당신은 마귀가 무엇이라고 생각하십니까?

____

____

____

____

에센스로 들어가기

눈에 보이는 세상에서 일어나는 일들 뒤에는 보이지 않는 영적 세계에서 일어나는 무서운 전쟁이 있습니다. 태초부터 이어져온 선과 악, 하나님의 군대와 사탄의 군대 간의 영적 전쟁은 핵전쟁보다도 더 치열하고 무섭습니다. 우리는 영적 전쟁의 과정을 통해 그 핵심이 무엇인지 배우게 될 것입니다.

1. 영적 전쟁에 대한 극단적 접근

영적 전쟁을 해석하는 두 가지 극단적인 접근이 있습니다. 하나는 영적 전쟁과 귀신의 존재를 부인하는 것입니다. 또 한편으로는 마귀론에 집중하는 것입니다. 이것은 하나님보다 마귀를 더 묵상합니다. 우리는 이 양 극단을 주의해야 합니다.

1) 마귀의 실체를 부인함

(요일 5:19)

마귀의 존재를 비과학적이고 비이성적으로 여기며 인정하지 않는 경우입니다. 그러나 성경은 그 세력들을 명확하게 말해줍니다.

2) 마귀론에 지나치게 심취함

(약 4:7)

우리가 영적 전쟁을 할 때 하나님보다 마귀를 더 많이 묵상하는 잘못을 범할 수 있습니다. 그러나 우리의 주 관심사는 마귀가 아니라 하나님입니다. 또 어떤 사람들은 모든 것을 귀신의 탓으로 돌리는데, 그렇게 되면 자신의 책임이 간과됩니다.

3) 영적 전쟁에 대한 균형잡힌 시각

(요 17:15)

여기서 '악'은 '악한 자'(evil one)를 말합니다.

주기도문에서 "저들을 악에서 구하옵시고"를 정확히 번역하면 "악한 자로부터 구해달라"는 뜻입니다. 이것은 무엇을 의미할까요? 악한 어떤 인격체가 이 세상을 장악하고 있다는 것을 의미합니다. 악은 추상적인 개념이 아닙니다.

그래서 주님께서는 우리가 악한 인격체가 어떤 존재인지 잘 알기를 원하십니다. 그렇다면 우리가 상대해야 할 영적 전쟁의 대상은 어떤 존재인지 자세히 알아보겠습니다.

2. 영적 전쟁의 대상

(엡 6:12)

성경은 우리의 싸움은 　　과 　　의 싸움이 아니라고 말합니다.

1) 통치자들(principalities, rulers)

어떤 특정 지역, 특정 분야, 특정 시기를 장악하고 있는 악한 세력을 뜻합니다.

① 특정 지역

지구촌 전체를 지역별로 살펴보면 그 지역을 장악하고 있는 사탄의 군주들이 있습니다. 그래서 영적 전쟁에 있어서 어떤 지역을 놓고 집중적으로 중보하고 기도하는 것이 중요합니다.

② 특정 분야

악한 세력이 장악하고 있는 특정 지역은 정치, 경제, 문화, 예술 등의 분야를 의미할 때도 있습니다.

③ 특정 시기

때로는 특정한 시기에 집중적으로 어둠의 역사가 일어나기도 합니다.

2) 권세들(Authorities)

악용된 힘을 말하며, 세상에서 조직을 만들고 영향력을 행사하는 기관들과 사람들을 뜻합니다.

예수님의 성품이 겸손이고 섬김이라면, 사탄의 성품은 교만하고 지배하는 것입니다. 사탄은 권력이 집중된 곳에서 아주 강하게 역사합니다.

3) 어둠의 세상 주관자들(Powers of this dark world)

세상의 모든 죄악과 어두움을 생산하는 세력들을 뜻합니다.

4) 하늘에 있는 악한 영들(Spiritual forces of evil in the heavenly realms)

사탄이 직접 부리는 모든 악하고 더러운 귀신들을 뜻합니다.

5) 사탄(악한 세력의 우두머리)

(계 12:9,10)

사탄은 한때 '계명성'(morning star)이라고 불릴 정도로 하나님의 총애를 받던 천사장 중에 하나였으나, 타락하여 그의 추종자들과 함께 천국에서 쫓겨났습니다. 요한계시록에 보면 사탄, 곧 루시퍼와 함께 쫓겨난 천사들이 전체 천사들의 3분의 1이나 되는 엄청난 수라고 말합니다.

사탄은 하나님이 만드시고 사랑하는 인간을 타락시켰으며 인간을 인질 삼아 하나님께 항복을 요구했습니다. 또한 하나님을 공격했는데, 그것이 바로 십자가 사건입니다.

3. 사탄의 두 가지 목표

1) 복음 전파를 방해하기

(마 24:14)

세상의 끝은 곧 사탄과 그의 세력의 영원한 멸망을 의미합니다. 그렇기 때문에 사탄은 다양한 방법을 통해 복음 전파를 끊임없이 막으려고 합니다.

2) 하나님의 자녀들이 영적 영향력을 발휘하지 못하도록 막기

(마 16:23)

하나님을 믿지 못하게 하는 전략이 실패하면 그 다음 전략은 믿는 자가 영향력을 발휘하지 못하도록 분주하게 하거나 아프게 하고, 서로를 미워하게 하는 등 하나님의 일을 하지 못하도록 합니다. 잘 훈련된 리더들도 순식간에 사탄에게 사로잡힐 수 있습니다.

QUESTION 적용 질문

당신이 영적 전쟁에서 승리한 경험이나 실패한 경험이 있다면 나눠주십시오.

4. 사탄의 전략

1) 대리인을 내세움

(요 6:70)

순전하지 못한 마음으로 예수님을 따랐던 가룟 유다는 마귀의 대리인으로 이용당했습니다.

2) 위장술

(고후 11:14,15)

사탄은 자신의 추악한 실체를 숨기기 위해서 자신을 아주 매력적으로 위장하고 우리에게 접근합니다.
그러므로 우리는 진리 안에서 항상 깨어 있어야 합니다.

3) 이간질

(창 3:1,5)

사탄은 우리가 하나님을 오해하게 하고 상처를 받게 합니다. 영적 타락은 하나님을 오해하는 데서부터 시작됩니다.

당신이 하나님에 대해 오해했던 것은 무엇이었나요? 또한 그 오해를 어떻게 풀 수 있었나요?

4) 거짓말

(요 8:44)

사탄은 거짓말쟁이입니다. 그러므로 우리는 진리의 말씀으로 무장해야 합니다.

5) 생각의 영역으로 공격함

(요 13:2)

사탄은 우리의 생각에 자신의 메시지를 교묘히 주입합니다. 우리의 생각 속에 악한 생각이 둥지를 틀지 못하도록 늘 말씀으로 지켜야 합니다.

6) 영적 지도자와 교회를 공격함

(벧전 5:8)

영적 지도자는 영적 파워의 중심이므로 늘 공격의 대상이 됩니다. 따라서 스스로 겸비하고 조심해야 합니다.

5. 크리스천의 대응 전략

1) 순결과 회복

(레 19:2)

(겔 18:30)

사탄은 우리의 약점을 너무 잘 알고 있기에 우리의 영적 틈새를 공격합니다. 습관적인 죄의 문제 속에서 고통받고 있는 사람에게 필요한 것은 주님 앞에 날마다 엎드려 진실하게 회개하는 것입니다.

2) 주님과의 교제

(약 4:7)

영적 전쟁은 내 힘으로 하는 것이 아닙니다. 영적 전쟁에서 승리하는 유일한 길은 겸손히 주님의 힘을 의지하고 그분께 순종하는 것입니다.
영적 전쟁의 초점은 마귀가 아니라 하나님이십니다. 하나님은 우리가 하나님을 사랑하고, 즐거워하고, 하나님의 영으로 충만하기를 원하십니다. 그러므로 하나님과 친밀한 교제를 누리십시오.

3) 예수 이름의 권세

(막 16:17,18)

하나님의 자녀 된 우리에게 예수 이름의 권세를 주셨습니다. 예수님의
이름을 사용하는 데 있어서 중요한 것은 우리와 주님의 관계입니다.

4) 함께 싸우기

(엡 6:13)

'너희가'라는 말을 주목하십시오. 영적 전쟁은 혼자 싸우는 것이 아니라
모든 믿음의 형제 자매들이 하나되어 함께 싸우는 것입니다.

(마 18:19)

QUESTION
적용 질문

당신이 힘들고 지쳤을 때 누군가의 기도와 격려를 통해 어려움을 이겨낸
경험이 있다면 나눠주십시오.

6. 하나님의 전신 갑주

1) 진리의 허리띠

진리는 주님께서 주신 복음이며, 하나님의 말씀되신 예수님입니다. 진리로 허리띠를 띠는 것은 하나님 말씀을 제대로 알고, 그 말씀대로 순종하며 살아가라는 뜻입니다.

2) 의의 호심경

호심경은 가슴 부분 특히 심장을 보호하는 장비입니다. 우리의 행위로 쌓는 의가 아닌 예수 그리스도의 보혈의 공로로 얻은 의로 사탄의 공격을 방어해야 합니다.

3) 평안의 복음의 신

영적 전쟁은 복음 전파와 직결됩니다. 복음 전파는 사탄에게 빼앗겼던 영혼을 다시 찾는 것이며, 마귀에게 빼앗겼던 지역을 다시 찾는 강력한 무기입니다.

4) 믿음의 방패

믿음은 우리 안에 계신 하나님의 약속과 능력을 신뢰하는 것입니다. '믿음의 방패'에서의 '믿음'은 구원받기 위한 믿음이 아닙니다. 이 믿음은 구원받은 사람이 매일매일 자신의 삶에서 말씀대로 살아내는 믿음을 의미합니다.

5) 구원의 투구

투구는 머리를 보호합니다. 사탄은 항상 우리의 생각을 공격합니다. 구원의 확신으로 우리 생각의 영역을 보호해야 합니다.

6) 성령의 검 곧 하나님의 말씀

(히 4:12)

성경에서 성령과 하나님의 말씀은 항상 함께 등장합니다. 하나님의 말씀은 우리 안으로 침투해 들어오는 어둠의 세력을 물리치는 성령의 예리한 검입니다. 우리는 하나님의 살아있는 말씀을 통해 구원받았고, 구원받은 그 순간부터 우리 모두에게도 성령의 검 곧 말씀이 주어집니다. 당신의 힘이 아닌 말씀을 무기 삼을 때 영적 전쟁에서 승리할 수 있습니다.

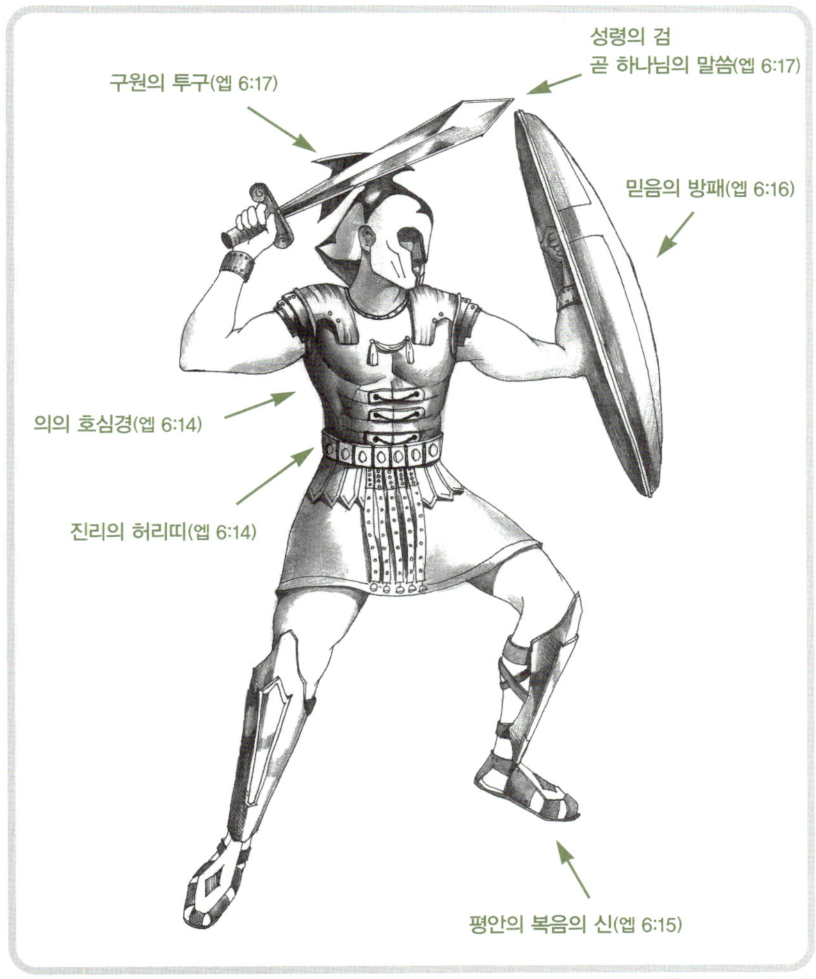

구원의 투구(엡 6:17)
성령의 검
곧 하나님의 말씀(엡 6:17)
믿음의 방패(엡 6:16)
의의 호심경(엡 6:14)
진리의 허리띠(엡 6:14)
평안의 복음의 신(엡 6:15)

ⓒ안혜성(새로운교회)

7) 성령 안에서의 기도

(엡 6:18)

영적 전쟁에서 하나님의 전신갑주를 입고 성령의 검을 휘두를 수 있는 힘은 기도에서 나옵니다. 기도는 성령의 힘으로 하는 것입니다. 내게 성령의 불이 계속 역사하며 능력이 나타나게 하는 동력이 바로 기도입니다.

영적 전쟁에 대해서 새롭게 깨닫게 된 것이 있다면 나눠주십시오.

9과 암송 구절

우리의 씨름은 혈과 육을 상대하는 것이 아니요
통치자들과 권세들과 이 어둠의 세상 주관자들과
하늘에 있는 악의 영들을 상대함이라
에베소서 6장 12절

그런즉 너희는 하나님께 복종할지어다
마귀를 대적하라 그리하면 너희를 피하리라
야고보서 4장 7절

영적 전쟁에 대한 시각과 실체

마귀의 존재를 비과학적이고 비이성적으로 보며 그 실체를 부인하거나, 지나치게 마귀론에 심취하는 양극단적 관점을 주의해야 합니다. 영적 전쟁을 피할 수는 없지만, 우리가 맞서야 할 사탄의 실체를 알고 싸움에 임하면 악한 세력을 능히 대적할 수 있습니다. 우리의 싸움은 혈과 육에 대한 것이 아닙니다. 성경은 사탄의 세력을 '통치자들, 권세들, 어둠의 세상 주관자들, 하늘에 있는 악의 영들'로 나눠서 설명합니다. 이들은 특정 지역, 특정 분야, 특정 시기를 장악하고 역사합니다.

사탄의 전략과 목적

사탄은 자신의 추악한 실체를 감추고 대리인을 내세워 매력적인 모습으로 위장하여 접근합니다. 그래서 하나님을 오해하게 만들고 상처를 받게 해서 우리와 하나님과의 관계를 끊임없이 이간질하려고 합니다. 믿는 가정이 깨어지게 하고, 교단과 교파, 교회가 서로 반목하고 싸우며 분열하게 만듭니다. 크리스천으로 하여금 시간을 낭비하게 만들고 비본질적인 일로 잡아매서 가장 중요한 일을 하지 못하도록 만듭니다. 또한 영적 지도자를 집중적으로 공격하기 때문에, 자신의 영혼을 지켜 무너지지 않도록 주의해야 합니다.

크리스천의 전략과 전신갑주

죄 문제를 해결하지 않고 방치해두면 악한 세력의 온상이 되므로 주님 앞에 엎드려 진실하게 회개함으로써 영적인 틈새를 막아야 합니다. 마귀를 이기는 유일한 길은 주님의 힘을 의지하는 길임을 기억하며 하나님의 품 안으로 들어가 항상 성령충만을 받아야 합니다. 그러면 예수 이름의 권세를 사용하며 믿음의 형제자매들과 연합하여 담대히 나아갈 수 있습니다. 무엇보다 하나님의 전신갑주를 입고 승리할 수 있습니다 (엡 6:13-17 참조).

ESCHATOLOGY 종말론

마태복음 24장 30,31절

그때에 인자의 징조가 하늘에서 보이겠고 그때에 땅의 모든 족속들이 통곡하며

그들이 인자가 구름을 타고 능력과 큰 영광으로 오는 것을 보리라

그가 큰 나팔소리와 함께 천사들을 보내리니

그들이 그의 택하신 자들을 하늘 이 끝에서 저 끝까지 사방에서 모으리라

LESSON 10

종말론 
Eschatology

 **마음 문을 열면서**

당신은 세상이 영원하다고 생각합니까? 아니면 세상의 끝이 반드시 있다고 생각합니까? 만약 세상의 끝이 있다고 생각한다면 그날이 오기 전까지 인생을 어떻게 값지게 살고 싶은지에 대해 나눠주십시오.

 **에센스로 들어가기**

성경은 하나님이 천지를 창조하심으로 역사가 시작되었다고 말합니다. 그리고 역사의 끝은 예수 그리스도께서 이 땅에 다시 오시는 그 순간에 이루어진다고 말합니다. 예수님께서 다시 오시는 그날은 믿는 사람들에게는 축제의 날이 되겠지만 믿지 않는 사람들에게는 무서운 심판의 순간이 될 것입니다. 그리고 그날에는 우리가 살고 있는 이 세상이 송두리째

사라지고 새 하늘과 새 땅이 세워질 것입니다. 예수 그리스도의 다시 오심은 이처럼 엄청난 사건이기에 역사 속에서 수많은 사람들의 관심사로 자리 잡을 수밖에 없습니다.

1. 마태복음 24장이 말하는 두 가지 사건

마태복음 24장은 두 개의 다른 사건을 다루고 있습니다. 첫째, 예수님은 한 세대(40년)가 지나기 전에 있게 될 실제적인 이스라엘의 멸망을 예언하셨습니다. 둘째, 예수님의 재림의 때에 있게 될 징조들을 예언하셨습니다.

1) 예루살렘성 파괴와 이스라엘의 멸망 : 성취된 예언

(마 24:1,2)

(마 24:16-20)

(마 24:34)

마태복음 24장 1,2절, 16-20절, 34절은 예수님이 돌아가시고 난 30여 년 뒤인 A.D. 70년에 로마 군대에 의해서 예루살렘이 멸망하게 될 일들을 예언하신 내용입니다. 오늘날 우리 관점에서 보면 이미 이루어진 내용입니다.

2) 이스라엘의 회복과 예수님의 재림 : 성취될 예언

마태복음 24장 3-15절, 21-33절, 35-51절은 예수님의 재림 때에 전 인류가 심판받을 일에 관한 예언입니다.

그렇다면 예수님께서는 이 두 사건을 왜 동시에 말씀하고 계신 것일까요?

① 오늘날 우리에게도 동일한 메시지이므로

2천년 전, 예루살렘 멸망 전에 일어난 조짐들 중의 많은 것이 바로 오늘을 살며 재림을 기다리는 우리의 세상에도 적용됩니다.

② 이스라엘과 온 세계는 영적으로 한 흐름이므로

이스라엘의 역사와 운명은 전 세계의 역사와 운명과도 깊은 연관을 가지고 있습니다. 하나님께서는 이스라엘의 회복과 세계 복음화의 맥을 하나로 연결하여 경영하고 계십니다.

(사 14:25-27)

놀라운 것은 예수님의 재림의 때가 다가오면 A.D. 70년에 멸망한 이스라엘이 다시 회복될 것이라고 예수님께서 말씀하셨다는 사실입니다. 예수님께서 다시 오실 마지막 때에는 땅끝까지 가서 복음을 전하라는 세계 복음화의 사명이 완성될 것이고 이스라엘도 회복될 것입니다. 그리고 그 때에 주님께서 다시 오셔서 새 하늘과 새 땅을 여실 것입니다.

2. 구원자 vs 심판자

예수님은 2천년 전에 이 땅에 　　　　　　　로 오셨습니다.
그러나 다시 오실 마지막 날에 예수님은 　　　　　　　로 오실 것입니다.

1) 구원자 예수 그리스도

(눅 17:25)

누가복음 17장 25절의 내용을 통해 예수님께서 재림에 관해 말씀하실 때 십자가의 고난을 언급하신 이유가 무엇이라고 생각하십니까?

2) 심판자 예수 그리스도

(요 5:22)

예수님께서 보여주시는 종말론의 핵심은 　　　　　　　입니다.
왜 예수님은 중요한 종말의 메시지를 제자들에게만 말씀해주셨을까요?
예수님의 말씀을 순종하고 예수님을 위해 평생 살려는 사람들은 심판에
숨어 있는 하나님의 사랑을 읽을 수가 있기 때문입니다.

3. 재림에 대한 잘못된 이해들

1) 재림의 날을 알 수 있다?

아닙니다. 재림의 타이밍은 비밀에 부쳐져 있습니다.

(마 24:36)

예수님의 재림은 분명히 있게 될 사건입니다. 그러나 재림하실 그때는 오직 하나님만 아십니다.

> 이장림 목사와 시한부 종말론자들은 1992년 10월 28일에 세계가 종말될 것이고, 구원받은 성도들은 휴거(예수님께서 세상에 다시 오실 때 성도들은 하늘로 들려 올라가는 현상)될 것이라며 많은 사람을 현혹했습니다. 그러나 10월 28일 아무런 일도 일어나지 않았습니다. 이것이 당시 세상의 뉴스에서도 크게 다루었던 '다미선교회 사건' 입니다. 이처럼 많은 이단들과 잘못된 신앙을 가진 사람들이 주님의 재림의 날에 대한 정확한 날짜를 말하는 잘못을 범하곤 합니다.

2) 최후의 심판은 없다?

아닙니다. 최후의 심판은 분명히 있습니다. 성경은 말세에 예수님의 심판을 부정하는 자들이 나타날 것이라고 말합니다.

(벧후 3:3,4)

성경은 분명하게 재림의 때에 있을 심판을 말하고 있습니다.

하나님의 심판의 날은 한 번 시작되면 새 하늘과 새 땅이 임할 때까지 무섭도록 이 땅 전체를 뒤덮을 것입니다.

3) 14만 4천은 실제 수를 가리킨다?

아닙니다. 요한계시록 14장 1절에서 말하는 14만 4천은 셀 수 없이 많은 수를 의미합니다. 이는 하나님께서 택하시기로 작정한 완전한 하나님나라 백성들의 총수를 상징적으로 가리키는 것뿐입니다.

하나님께서 정하신 구원받은 백성들의 수가 얼마나 많은지 그 누구도 모릅니다. 그러나 그 수가 차면 마지막 날이 오는 것은 확실합니다.

4. 마지막 때의 징조들

1) 교통과 지식, 정보 통신의 비약적인 발전

(단 12:4)

마지막 때는 세상이 놀랄 정도로 빨라질 것입니다. 또한 마지막 때는 지식이 엄청나게 많이 그리고 빠르게 증가할 것입니다.

2) 여러 가지 재난들

(마 24:7)

① 전쟁
전쟁의 빈도가 굉장히 잦아지고 그 규모 또한 더욱 커지고 잔인해진다는 것입니다.

② 기근
문명의 발달로 많은 편리와 풍요함을 누리는 오늘날에도 지구 한편에서는 여전히 기근의 문제로 고통 받는 사람들이 많이 있습니다.

③ 지진
지난 70년간 세계 각지에서 규모 7.0이상의 지진이 발생한 적은 600회가 넘습니다.

3) 심화되는 적대적 인간관계
특별히 마지막 때에 하나님의 백성들은 세상에서 신앙 때문에 여러 가지 고난을 겪게 될 것입니다. 십자가의 복음을 제대로 믿는 크리스천들이 사방에서 핍박당하는 시대가 온 것입니다. 이 모든 것은 성경에 예언된 마지막 때의 성도들이 감당해야 할 시련의 시작입니다.

① 관계의 깨어짐

____

(마 24:10)

인간관계 속에서의 심각한 갈등과 대립은 종말의 때를 말해주는 신호입니다.

② 하나님의 법을 거스름

____

(마 24:12)

███████이란 하나님의 법을 무시하고 어기는 것을 뜻합니다.

4) 가짜 그리스도들이 일어남

____

(마 24:4,5)

말세에 많은 사람들이 자신이 그리스도라고 하면서 사람들을 미혹할 것입니다. 실제로 세계 도처에서 이단 기독교 종파들이 갈수록 성행하고 있습니다. 예수님은 이들에게 미혹되지 말라고 단호히 말씀하십니다. 이단에 미혹되지 말고 바른 교회 공동체에 꼭 붙어 있어야 합니다.

5) 교회와 성도들의 환난

____

(마 24:9)

마지막 날에는 신자들이 환난에 처하고, 죽임을 당하고, 예수님 때문에 사람들에게 미움을 받을 것이라고 하십니다. 재림이 임박할수록 사탄의 마지막 몸부림이 신실한 하나님의 백성들의 피를 흘리게 할 것입니다.

6) 사람들의 영적 무지와 방종

(마 24:37-39)

마태복음 24장 37-39절의 말씀을 읽고 오늘을 사는 사람들의 가장 큰 위기는 무엇이라고 생각하는지 나눠주십시오.

7) 세계 복음화의 절정

(마 24:14)

주님의 재림을 앞두고 세계 곳곳에서 부흥과 복음화의 기적들이 일어나고 있습니다. 주님의 시계가 급하게 돌아가고 있다는 증거인 것입니다.

5. 재림의 순간

1) 순식간에 일어나는 사건

(마 24:27)

주님의 재림은 번개가 번쩍하듯이 순식간에 임할 것입니다. 따라서 그때에는 어떠한 인간적인 대책도 세울 시간이 없을 것입니다.

2) 천지만물의 파괴

(마 24:29)

그때는 우리가 지금 살고 있는 이 세상 우주 만물이 송두리째 파괴될 것입니다.

3) 영광의 왕으로 오심

(마 24:30,31)

다시 오실 예수님은 더 이상 말구유에 누이신 아기가 아닌 놀라운 위엄과 온 땅에 충만한 광채의 모습일 것입니다.

4) 부활과 심판

(살전 4:16,17)

성도는 두 번의 부활을 경험합니다. 첫 번째 부활은 예수님을 믿은 후 그 영혼이 구원받는 것입니다. 그리고 두 번째 부활은 예수님께서 다시 오실 때 일어납니다.

6. 재림을 준비하는 종말론적 삶의 자세

(마 24:36)

1) 지금 있는 자리에서 충실하기

현재 우리에게 주어진 가정, 학교, 직장에서 주님을 맞이할 준비를 해야 합니다. 예수님께서 성도들에게 명하신 올바른 재림 준비는 마지막 그 순간까지 하나님께서 우리를 두신 현실의 자리, 사명의 자리를 지키는 것 입니다.

2) 단순한 삶

(요일 2:15)

세상에 대한 집착을 버리고 언제라도 미련 없이 내려놓을 수 있는 삶을 살아야 합니다.

3) 경건한 삶

(벧후 3:11-13)

우리는 주님의 다시 오실 날이 임박함을 알고 있습니다. 이 땅의 모든 것이 멸망 당할 그날이 순식간에 닥쳐올 것을 압니다. 그렇다면 우리가 하루하루 사는 것이 달라져야 할 것입니다. 주님이 다시 오실 날이 가까울수록 '거룩한 행실과 경건함'을 가지고 살아야 합니다.

신부와 창녀의 차이는 아름다움이 아니라 순결함입니다. 거룩함을 잃어버린 교회는 아무 능력이 없고, 사탄의 조롱거리가 될 뿐입니다.

4) 사랑의 공동체 세워가기

(히 10:24,25)

영적 전쟁의 핵심 열쇠는 사랑입니다. 재림을 기다리는 성도들에게 주님이 원하시는 것은 사랑 지수를 높이는 일입니다. 이것이 천국 공동체 연습이요, 사탄의 공격을 떨쳐내는 예방책입니다.

5) 전도와 선교하는 삶

(단 12:3)

전도와 영적 대각성에 헌신하십시오. 하나님의 사람인 당신을 통해서 많은 영혼들이 예수님을 믿게 되고, 하나님을 향한 열정이 식은 사람들의 믿음이 살아날 수 있어야 합니다.

전 세계의 구원받은 사람들의 숫자가 차는 그때에 주님은 오실 것입니다. '세상 모든 민족이 구원을 얻기까지 쉬지 않으시는 하나님!' 그래서 우리는 그분의 손과 발이 되어 부지런히 움직여야 하는 것입니다.

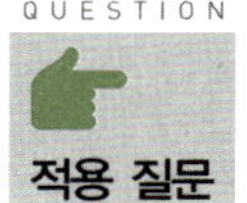

다가오는 재림을 기다리며, 당신의 삶의 자세를 새롭게 하고 싶은 부분이 있다면 나눠주십시오.

10과 암송 구절

서로 돌아보아 사랑과 선행을 격려하며
모이기를 폐하는 어떤 사람들의 습관과 같이 하지 말고
오직 권하여 그날이 가까움을 볼수록 더욱 그리하자
히브리서 10장 24,25절

지혜 있는 자는 궁창의 빛과 같이 빛날 것이요
많은 사람을 옳은 데로 돌아오게 한 자는 별과 같이 영원토록 빛나리라
다니엘서 12장 3절

다시 오실 예수님

하나님의 천지창조로 시작된 역사는 예수 그리스도께서 이 땅에 다시 오시는 순간에 마무리될 것입니다. 세계 복음화의 완성과 이스라엘의 회복, 주님의 재림은 밀접한 관계가 있습니다. 예수님은 십자가 고난을 당하시기 전에 장차 다가올 재림과 심판에 대해 말씀하셨습니다. 그 후 십자가를 지심으로 사탄의 권세를 무너뜨리셨습니다. 주님이 그 권세를 가지고 이 땅에 다시 오실 때는 구원자가 아닌 심판주로 오십니다.

재림의 징조와 순간

주님이 재림하실 그때는 오직 하나님만 아시지만, 다음과 같은 현상이 생깁니다. 전쟁과 기근, 지진 등 여러 가지 재난과 심화되는 적대적 인간관계, 가짜 그리스도들의 등장과 교회와 성도들의 환난, 사람들의 영적 무지와 방종이 넘치는 가운데 부흥과 복음화의 기적들이 일어납니다. 주님이 영광 가운데 오실 때, 믿는 자들은 순식간에 주님의 형상대로 변화하며 영원토록 하나님 아버지와 함께하게 될 것입니다.

종말론적 삶의 자세

내일 당장 주님이 오셔도 믿는 자들은 각자 자신의 일터에서 최선을 다해 살다가 주님의 부르심을 받게 됩니다. 특별한 종말 대비법이 있는 게 아니라 하나님이 내게 주신 사명의 자리를 매일매일 성실하게 잘 지키고 있으면 됩니다. 말씀대로 순종하고, 복음을 전하며, 서로 사랑하면서 사는 것입니다. 하늘의 상급을 바라보며 이 땅에서는 간단하고 단순한 자세로 살면서 기쁜 마음으로 축제의 그날을 기다리면 됩니다.

NOTES

예수께서 나아와 말씀하여 이르시되 하늘과 땅의 모든 권세를 내게 주셨으니
그러므로 너희는 가서 모든 민족을 제자로 삼아
아버지와 아들과 성령의 이름으로 세례를 베풀고
 내가 너희에게 분부한 모든 것을 가르쳐 지키게 하라
볼지어다 내가 세상 끝날까지 너희와 항상 함께 있으리라 하시니라

LESSON 11

사명 Mission

 **마음 문을 열면서**

다음은 앨버트 하버드의 《가르시아 장군에게 보내는 편지》에 있는 내용입니다. 이 글을 읽고 당신이 생각하는 '사명'은 무엇인지 나눠주십시오.

> 1898년 스페인과 미국의 전쟁이 발발하자, 미국 정부는 쿠바의 반군지도자인 가르시아 장군에게 긴급한 편지를 보내기로 결정한다. 당시 가르시아 장군은 쿠바의 산속 요새에 은거하며 스페인과 게릴라 전투를 벌이던 상황이라 그의 정확한 위치를 파악하는 데 큰 어려움이 있었다. 당시 미국 대통령 매킨리는 미국 정부의 편지를 전달할 사람을 수소문했고, 한 측근을 통해 로완 중위를 추천받게 되었다.
>
> 미 정부의 편지를 가르시아 장군에게 전달할 것을 명령받은 로완 중위는 가르시아 장군이 어디에 있는지, 그를 어떻게 찾아야 되는지 아무것도 묻지 않고, "예"라는 짧은 대답만을 남긴 채 홀로 쿠바로 떠났다. 그의 여정은 그야말로 목숨을 건 사투였다. 그는 한 치 앞도 보이지 않는 어둠을 헤치며 작은 보트에 몸을 싣고 쿠바로 항해해야 했고, 잠시도 한 곳에 머무르지 않고 게릴라전을 치르고 있던 가르시아 장군을 찾아 총알이 빗발치는 정글을 헤매야 했다. 결국 그는 3주 후 임무를 완수하게 되었다. 불가능에 가까운 임무를 받고서도 불평이나 질문이 없었던 로완 중위의 모습은 사명을 받은 우리가 어떤 자세로 그 임무를 다해야 하는지 좋은 가르침을 주고 있다.

존 웨슬리(John Wesley, 1703-1791)는 '온 세상이 나의 교구'(The world is my parish)라고 했습니다. 이 말이 무엇을 의미하는 것인지 생각해보고 의견을 나눠주십시오.

선교 사명을 다루기에 앞서 기독교인과 세상의 관계는 어디까지 가야 하는가에 대해 함께 살펴보겠습니다.

⌛ 에센스로 들어가기

1. 교회와 세상의 관계

교회에는 두 가지 부류의 크리스천이 있습니다.

1) 다리 놓는 사람들 : 시대 문화와 대화하는 그리스도

(요 17:18)

세상 문화와 가치관을 기독교 신앙과 접목시키려는 사람들입니다.
이들은 교회가 기독교 신앙과 세상 철학과의 공통점을 어떻게든 찾아내서 양쪽이 서로 대화하고 화목할 수 있는 다리를 놓아야 한다고 믿었습니다. 그래서 당시 세상 철학을 주도하던 헬라 철학과 기독교 신앙을 서로 접목시키려고 했습니다.

2) 요새를 쌓는 사람들 : 시대 문화에 대립하는 그리스도

(요일 2:15)

세상 문화와 가치관으로부터 교회를 분리시켜야 한다고 주장하는 사람들입니다.

다리를 놓는 사람들은 빛과 소금의 개념으로 세상을 이해했고, 요새를 쌓는 사람들은 세상을 영적 전쟁의 개념으로 이해한 것입니다.

3) 양극단의 균형

이들이 양극단으로 치달으면서 　　　　　　　　　은 세속주의로 타락했고, 초대 교회 사상 가장 무서운 이단인 영지주의와 아리우스주의를 탄생시키게 됩니다.

또한 세상과 교회를 완전히 단절시킨 　　　　　　　　　은 극단적 보수주의와 폐쇄주의로 인해 교회의 분열을 초래합니다.

하나님께서는 우리가 이 양극단이 아닌 균형을 잡기 원하십니다.

2. 크리스천의 사명

크리스천들은 교회뿐 아니라 어디에 있든 하나님의 주권이 그곳에 임하도록 해야 합니다. 세상을 두려워하고 교회 안에만 머무는 것이 아니라, 예수의 정신이 사회와 땅끝까지 스며들도록 해야 합니다.

누군가는 정치에, 누군가는 교육의 현장에, 혹은 가정에, 또는 문화 예술 계통에 들어가서 크리스천으로서 영향력을 끼쳐야 하는 것입니다.

(마 5:14-16)

마태복음 5장 14절에서 '너희가 세상의 빛'이라는 말은 하나님 보시기에 세상이 어둡다는 의미입니다. 우리는 하나님의 빛을 세상에 전달하는 사명을 받았습니다. 당신은   입니다.

3. 하나님이 주시는 능력

(마 6:25,26)

말씀을 읽으셨다면 이제 다음 예화를 읽어보십시오.

참새보다 몸집이 더 작은 상모솔새는 몸길이가 약 10센티미터로 엄지손가락만 한 새입니다. 그런데 이런 작은 몸집으로 영하 30도를 넘나드는 북쪽의 겨울 숲에서도 생존합니다. 이 새를 연구한 독일의 한 조류학자에 따르면, 찬바람이 불기 시작하면 이 새들은 깃털을 외투로 만들기 시작한다고 합니다. 그리고 둥지를 보강해서 물기와 습기를 제거합니다. 또 무리를 지어 밀착해서 함께 밤을 지냄으로써 온기를 나누어 겨울 추위를 이겨냅니다. 북쪽의 시베리아 벌판은 어디에도 먹을 것이 보이지 않는 순백의 세계이지만, 이 새는 지칠 줄 모르고 쉴 새 없이 먹이를 찾아 다닙니다. 1분에 약 45회의 날갯짓을 하며 체온을 유지하고, 겨울나무 껍질 사이에 숨어 있는 나방의 유충을 찾아내어 먹습니다. 이러한 상모솔새를 만드신 분이 하나님이십니다. 아무것도 없는 추운 북극의 겨울 숲에서도 자기만의 방법으로 살 수 있도록 해주신 것입니다.

주님께서 "공중의 새를 보라"고 하신 말씀의 의도가 무엇이라고 생각합니까?

하나님이 우리에게 주신 최고의 축복은 생명입니다. 생명을 주실 때는 생명력을 주셨습니다. 특히, 크리스천에게 주신 생명력은 예수의 생명력, 부활의 생명력입니다. 모든 환경을 이길 수 있는 내적 능력을 주신 것입니다.

(빌 4:13)

치열한 삶의 현장 속에서 신앙의 꽃을 피우십시오. 힘들어도 직장에서 잘 이겨내시기를 바랍니다.

4. 크리스천에게 일터의 의미란?

(고전 7:24)

우리의 일터와 직장은 우연이 아니라 하나님께서 부르신 장소입니다. 그래서 우리는 우리의 직장에서 하나님의 부르심을 발견해야 합니다.

1980년 대학생선교회(CCC)의 빌 브라이트 총재와 예수전도단의 창시자 로렌 커닝햄 두 분이 만나기 전날 밤 만남을 위해 기도할 때 동시에 하나님의 감동을 받았습니다. 그것은 하나님의 백성들이 책임져야 할 때가 오고 있으며 곧 하나님의 틀에 변화가 있을 것이라는 말씀이었습니다.

그리고 나라를 움직이는 7대 영역에 대해 말씀해주셨는데, 그 영역이 종교, 가정, 교육, 정치, 미디어, 예술, 경제입니다. 지금은 과학이 추가되면서 이를 8대 영역이라고 합니다.

이때까지만 해도 이 두 선교단체는 선교를 지리적인 개념으로만 생각했었습니다. 하지만 하나님께서는 지리적인 개념뿐 아니라 영역과 분야별 선교가 있다는 새로운 깨달음을 주신 것 입니다.

이 8대 영역 안에서 성도들의 역할이 절대적입니다. 크리스천들이 8대 영역을 복음으로 정복해야 하는 것입니다.

당신이 나가야 할 선교 8대 영역(나라를 변화시키는 8대의 영역)

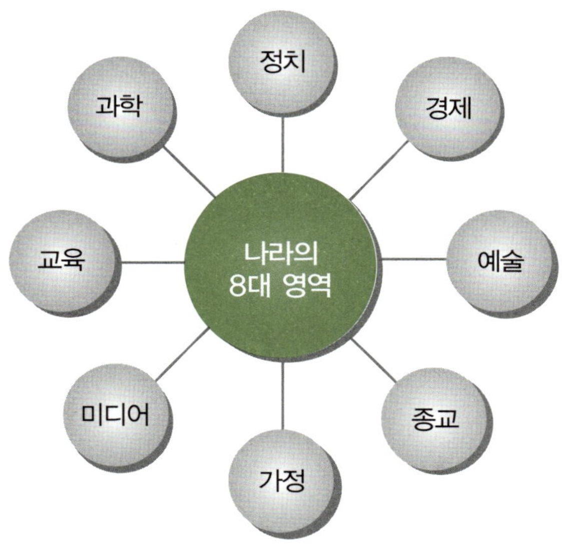

적용 질문

지금 당신이 속해 있는 영역은 어디입니까? 그 영역에서 당신은 무엇을 해야 된다고 생각합니까?

1) 삶의 모든 영역에 함께 계신 하나님

형제들아 너희는 각각 부르심을 받은 그대로 하나님과 함께 거하라 (고전 7:24)

하나님은 교회에만 계시는 분이 아니라 삶의 모든 영역에 함께 계십니다. 주님의 임재는 우리의 가정과 직장과 사회와 온 지구상에 이루어질 것입니다.
종교인이 아닌 신앙인이라면 기독교적 가치관을 가지고 삶 속으로 나가야 합니다.

2) 세상의 재물로 하나님께 드리기

(신 8:18)

재물은 하나님이 주신 재능을 통해 얻습니다. 그 재능을 가지고 정성과 땀을 흘려 얻은 노동의 대가를 하나님께 드리는 것입니다.

3) 주님께 하듯 일하기

(골 3:23)

일터는 하나님을 섬기는 우리가 세상 속에서 선한 영향력을 발휘하는 곳입니다. 하나님이 일터에서 당신과 함께 일하시며, 당신을 통하여 임재하실 것이며, 그분의 영광과 축복이 당신의 일터와 세상으로 흘러나갈 것입니다.

2012년 5월 미국 대통령 버락 오바마가 '동성결혼 합법화' 지지 견해를 밝힌 후 동성애 결혼 논쟁의 핫이슈로 떠오른 곳이 있습니다. 바로 미국의 대표적인 치킨 샌드위치 체인점 '칙필래'입니다. 칙필래는 미국의 대표적인 기독교 기업으로서, 동성결혼 반대 단체에 수백만 달러의 후원을 해 온 데 이어 회사 대표 댄 캐시가 이성 간의 전통적 결혼을 공개적으로 옹호한 것이 논란의 발단이 되었습니다. 동성결혼 지지 단체들은 이 회사 제품에 대한 불매운동에 나섰으며 보스턴, 샌프란시스코, 시카고 등 일부 시에서는 시장이 이 회사의 체인점 개설을 불허하겠다고 발표하기도 했습니다.

사정이 이렇게 돌아가자 아칸소 주지사인 마이크 허커비는 '칙필래 감사의 날'을 정할 것을 언급하며 지지 방문을 호소했습니다. 그리하여 2012년 8월 1일, 미국 주요 도시의 칙필래 체인점들은 수백 명의 고객들이 줄을 길게 서서 주문을 기다리는 진풍경을 연출했습니다. 많은 교회 지도자들은 SNS에 이 풍경을 담은 사진을 올리며 더 많은 크리스천의 참여를 독려했습니다. 이 날 2시간이 넘는 오랜 시간을 기다리는 사람들의 모습에는 활기가 가득했고, 칙필래 매장의 분위기는 마치 교회 부흥회 같았습니다.

단순히 기독교 가치관을 용기 있게 말할 뿐만 아니라 세상에 빌미를 주지 않는 탁월함과 겸손함이 세상 속에서 크리스천이 추구해야 할 모습이 아닌가 생각해봅니다.

4) 일터에서 전도할 때의 자세

(마 10:16)

일터에서 전도할 때는   과   의 적절한 조화가 필요합니다.

전도가 우리 기독교인에게 필수적인 사명이지만, 공격적인 전도, 상대방을 무시하는 전도는 피해야 합니다. 기독교를 무례한 종교라고 인식하게 하거나 교회를 피해 담을 쌓아버릴 사람이 생기게 해서는 안됩니다. 그렇지만 우리가 정말 하나님을 전해야 하는 순간에는 담대하게 복음을 전해야 합니다.

당신은 일터에서 어떤 방식으로 전도하고 있습니까? 이제부터라도 전도를 해보려고 한다면, 자신의 자리에서 가장 적합하다고 생각되는 전도 방식을 생각해보고 나눠주십시오.

5. 열방 속으로 나아가는 크리스천들

(마 28:18-20)

기독교는 움직이는 종교입니다(Christian faith is a missionary faith). 왜냐하면 하나님이 무척 역동적인 분이시며, 예수님의 사역 또한 대단히 역동적이기 때문입니다. 부활하신 예수님께서 제자들에게 주신 마지막 명령은 ■■■■■■■■■■■입니다.

6. 선교 준비

어떤 지역이든지 하나님께서 어떤 기간 동안 열어주시는 땅은 타이밍을 놓치지 말고 집중해서 섬겨야 합니다.

1) 기도하기

하나님의 마음이 어디에 있는지, 그분이 열어주시는 곳이 어디인지 알기 위해 하나님의 음성을 듣는 훈련을 해야 합니다.

2) 철저한 사전 조사와 준비

우리가 어떤 특정 지역을 가슴에 품고, 그곳에 인적 자원과 물적 자원을 투입하며 선교하려 할 때 무엇보다도 우선되어야 할 것이 철저한 사전 조사와 준비입니다.

우리가 가게 하나를 열 때도, 그 지역에 어떤 소비자들이 사는지, 어떤 경쟁업체들이 있는지 등등의 치밀한 사전 조사를 합니다.

그 무엇보다 귀한 복음을 전하려 하면서 너무 준비 없이 "믿습니다!" 한 마디로 무작정 밀어붙이는 선교가 많이 있습니다. 우리는 치밀한 R&D(연구개발)와 철저한 준비를 통해 귀한 복음을 전해야 할 것입니다.

3) 좋은 동역자 네트워킹

전문성과 오랜 경험을 가진 분들이나 단체 그리고 현지의 선교 인맥 등은 무엇으로도 바꿀 수 없는 값진 것들입니다.

이미 한 나라, 또는 어떤 분야를 위해서 오랜 세월 연구하고 준비하며 성실하게 활동해온 분이나 단체를 찾으면, 그들과 함께 동역하는 것이 좋습니다.

7. 선교 비전

1) 자활(自活, self-sufficiency)

선교란 마치 한 아이를 입양하듯이 그 나라를 입양하는 것과 같습니다.

아이를 키울 때 중요한 것은 바로 자활입니다.

초기 한국에 온 영미권 선교사들은 한국교회 스스로 홀로 설 수 있도록 하는 네비우스(Nevius) 선교정책을 고수했습니다.

덕분에 처음 한국교회에서 세례를 받고 예수를 믿은 서상륜, 길선주 같은 분들이 목사 안수를 받으면서 한국교회는 선교 한 세대만에 대부분 한국 목회자들이 목회하고, 재정적으로도 대부분 자립하는 강한 교회들로 자리매김할 수 있었습니다.

2) 삶의 모든 부분을 커버하는 총체적 패러다임

복음 전파는 단순히 그 나라의 신자 수와 교회 건물 수 늘리는 것이 목적이 아닙니다.

단순히 교회에 국한되는 것이 아니라 그 사회 전체를 살려야 합니다. 나라의 기본적인 삶의 질이 향상될 수 있도록 교육과 의료, 문화 인프라를 세울 수 있도록 도와주어야 합니다.

3) 자체 리더십 양성과 훈련

(딤후 2:2)

그 나라가 홀로 서기 위해서 가장 필요한 것은 그 나라의 █████████ 을 세워주는 것입니다.

우리나라 초창기 미국 선교사들 중 한 명인 존 헤론 선교사는 명문 집안에서 자랐으며 의과대학을 수석으로 졸업하여 모교에서 교수 청빙을 받은 엘리트였습니다. 그는 헤리에트란 아름다운 여인과 결혼을 앞두고 진로 문제를 놓고 기도하던 중에 당시 미국인들에겐 잘 알려져 있지도 않던 나라 조선을 품게 되었습니다. 그는 주위의 만류를 무릅쓰고, 결혼하자마자 27세의 나이에 아내와 함께 조선에 장로교 의료선교사로 파송되어 왔습니다. 가난하고 병든 사람들을 위해 광혜원이란 병원을 세우고 헌신적으로 환자를 치료하며 복음을 전하던 그는 안타깝게도 32살이란 젊은 나이에 토질병에 걸려, 아내와 두 아이를 남겨두고 소천했습니다. 숨을 거두기 전, 그는 이렇게 말했습니다.
"조선은 참으로 좋은 나라입니다. 이 민족에게 복음을 전할 만합니다. 이 나라를 위해 내가 더 일을 못하고 가는 것이 미안합니다. 미국에 가서 더 많은 믿음의 젊은이들에게 이 땅으로 와서 복음을 전하라고 전해주십시오."
모든 것을 누릴 수 있었던 헤론과 같은 젊은이들이 모든 것을 아낌없이 버리고 낯선 땅 조선에 와서 목숨을 버렸습니다. 그들이 거룩한 밀알이 되어 썩었기 때문에 오늘날 이 땅에 이만큼 복음이 뿌리를 내리고 있는 것입니다.

조선에 왔던 푸른 눈의 선교사는 하늘 영광을 버리고 이 땅에 오신 예수 그리스도의 지상 명령에 순종하여 사랑의 추적자가 된 사람입니다. 그리고 이제 그 사명은 21세기를 사는 우리가 짊어져야 합니다. 당신도 사랑의 추적자가 되십시오. 그래서 땅끝까지 달려가서 그분의 사랑을 전하십시오. 주님의 영광을 보게 될 것입니다.

당신이 주님의 사랑을 전해야 하는 땅끝은 어디라고 생각합니까?

11과 암송 구절

그러므로 너희는 가서 모든 민족을 제자로 삼아
아버지와 아들과 성령의 이름으로 세례를 베풀고
내가 너희에게 분부한 모든 것을 가르쳐
지키게 하라 볼지어다 내가 세상 끝날까지
너희와 항상 함께 있으리라 하시니라
마태복음 28장 19,20절

이같이 너희 빛이 사람 앞에 비치게 하여
그들로 너희 착한 행실을 보고
하늘에 계신 너희 아버지께 영광을 돌리게 하라
마태복음 5장 16절

교회와 세상의 관계

크리스천은 세상 속에서 어떻게 살아야 할까요? 교회에는 시대 문화와 대화하는 다리 놓는 사람들과 시대 문화와 대립하는 요새를 쌓는 사람들이 있습니다. 그러나 예수님은 양극단의 폐해가 있으므로, 교회 안에만 머무는 것이 아니라 세상 속에 들어가되 타락하지 않고 빛과 소금이 되라고 말씀하십니다. 우리는 자신이 속한 장소에서 하나님 나라의 빛을 흘려보내는 축복의 통로가 되어 하나님의 주권이 그곳에 임하도록 해야 합니다.

거룩한 사명의 자리

크리스천에게 세상 직장은 단순히 생계유지와 교회 헌금을 위해서 돈을 버는 곳이 아니라 선교지입니다. 하나님은 크리스천이 건강한 노동의 대가로 세상에서 가져온 재물을 가지고 하나님의 일을 해나가십니다. 그러므로 자신의 재능을 가지고 열정적으로 땀 흘리며 일해야 합니다. 회사는 자선단체가 아니라 하나님의 가치를 창출하는 곳입니다. 하나님을 내 마음의 보스로 삼고 주먹을 불끈 쥐고 기도하며 현장 속에 뛰어들어 신앙의 꽃을 피워야 합니다.

일터에서 전도하기

일터에서 전도할 때는 교양과 신념의 적절한 조화가 필요합니다. 자신의 일터에서 말씀을 전하기 전에 먼저 성령의 능력으로 상대방의 마음을 여는 것이 중요합니다. 누가 봐도 혀를 내두를 정도로 탁월하고 성실하게 일하며, 겸손한 자세로 지혜롭게 사람을 섬김으로써 자연스럽게 주님을 증거할 준비를 해야 합니다. 하나님의 진리로 인격과 비전이 새로워진 크리스천이 세상 속에서 복음을 전함으로써 하나님의 임재가 곳곳에 임하게 하는 진정한 부흥의 불길을 일으켜야 합니다.

이 땅에 최초의 선교사로 오신
예수님께 쓰는 편지 

말씀과 성령의 교회

사도행전 4장 29-31절

주여 이제도 그들의 위협함을 굽어보시옵고

또 종들로 하여금 담대히 하나님의 말씀을 전하게 하여 주시오며

손을 내밀어 병을 낫게 하시옵고 표적과 기사가

거룩한 종 예수의 이름으로 이루어지게 하옵소서 하더라

빌기를 다하매 모인 곳이 진동하더니

무리가 다 성령이 충만하여 담대히 하나님의 말씀을 전하니라

LESSON 12

말씀과 성령의 교회

LESSON 12

 **마음 문을 열면서**

당신이 과거에 다른 교회에 다닌 적이 있다면 그 교회는 어떤 곳이었는
지 나눠주십시오. 혹은 지금 다니는 교회에 대해 영적으로 기대하는 점
을 나눠주십시오.

에센스로 들어가기

1. 말씀과 성령의 교회

복음주의와 은사주의는 20세기 기독교를 양분하는 거대한 두 강줄기와
도 같습니다.

▓▓▓▓▓▓을 강조하는 교회를 복음주의(Evangelicalism) 교회라고 하고, ▓▓▓▓▓▓을 강조하는 교회를 은사주의(Charismatism) 교회라고 합니다.

복음주의는 성경 66권은 완전하며, 교회는 어떤 일이 있어도 말씀을 있는 그대로 믿고, 그것을 설교하고 공부해야 한다고 가르칩니다.
은사주의는 크리스천의 삶과 교회의 원동력은 성령의 임재와 능력에 있다고 가르칩니다. 이 양쪽의 장점을 모두 사용하여 말씀과 성령이 겸비된 교회, 복음주의와 은사주의의 장점이 잘 조화된 교회, 즉 '기름부으심이 있는 복음주의 교회'가 되도록 노력하는 것이 중요합니다.

2. 복음주의 vs 은사주의

영역	복음주의	은사주의
하나님의 나라	그러나 아직	이미
말씀 사역	닫힌 말씀	열린 말씀
기도 사역	말씀으로 기도	영적 전쟁의 수단으로 기도
치유 사역	내 은혜가 네게 족하도다	병든 자를 치유하는 기도
영적 성장의 방법과 과정	하나님께 순종하는 삶	하나님을 체험하는 삶
예배	초월의 하나님	내재하시는 하나님
소그룹	말씀 나눔	기도 나눔

1) 하나님의 나라 : 이미 그러나 아직(Already but Not Yet)

'이미 그러나 아직'은 하나님의 나라가 지금 임하는 것인가 아니면 앞으로 임할 것인가에 대한 신학적인 용어입니다.

종말은 예수 그리스도의 초림으로 '이미'(Already) 이 세상에 임한 가운데 진행 중입니다 '그러나 아직'(but not Yet) 종말의 끝은 아닙니다. 종말의 끝은 장차 예수 그리스도의 재림으로 이루어질 것입니다.
'이미와 아직'은 하나님 나라의 현재성과 종말성, 다시 말해서 하나님 나라는 현재적 왕국인 동시에 종말론적 왕국임을 표현하는 말입니다. 예수님의 초림으로 하나님 나라가 우리에게 임했고, 그 나라는 그분의 재림으로 마침내 완성 될 것을 뜻합니다.

① 복음주의 : '그러나 아직'(but Not Yet) 강조
말씀을 중시하는 복음주의자들은 '그러나 아직'을 강조합니다.

(롬 8 22)

복음주의는 혁명으로 세상을 뒤집어엎는 것이 아니라 견뎌내는 영성, 인내와 절제하는 영성을 가르칩니다. 타락한 세상에 살고 있는 우리에게 고난과 고통은 불가피합니다. 복음주의자들은 삶에서 일어나는 조용한 기적들이 세상을 아름답게 한다는 것과, 죄 많은 이 세상은 우리의 영원한 고향이 아니라는 것을 강조합니다.

② 은사주의 : '이미'(Already) 강조
공격적이고 개척적인 영성을 중시하는 은사주의자들은 '이미'를 강조합니다.

(마 12:28)

예수님께서 세상에 오셨을 때 하나님 나라가 이미 도래한 것입니다. 주님은 가시는 곳마다 병을 치유하시고, 귀신을 쫓아내셨으며, 십자가에서 사탄에게 결정타를 날리셨고, 죽음을 이기고 부활하셨습니다.

(요 16:33)

2) 기독교 세계관

① 복음주의

기독교 세계관(Christian Worldview)과 제자도(Discipleship)를 통해 세상 속으로 들어가는 것을 강조합니다.

> 코람 데오(Coram Deo)는 '하나님의 임재 앞에서'라는 의미의 라틴어입니다. "어디서 무엇을 하든 하나님이 지켜보신다는 것을 인식하며 살자"라는 뜻입니다.

결국 크리스천은 '하나님의 임재 앞에서' 어떻게 신앙을 삶 속에서 살아낼 것인가, 즉 코람 데오(Coram Deo)를 고민하며 살아야 하는 것입니다. 복음주의는 예수님과 말씀의 관점으로 세상을 분석하고, 이해하는 능력을 갖추고, 세상의 여러 영역에 뛰어들어가 제자로서의 삶을 사는 것을 강조합니다.

② 은사주의

은사주의에서는 기독교 세계관을 익혀 세상 속으로 들어가는 쪽보다는 세상을 지배하고 있는 어둠의 권세를 파악하고 대치하는 쪽을 강조합니다.

그러나 우리에게는 이 두 가지 개념이 양자택일의 이슈가 아닙니다. 양쪽 모두를 갖추고 균형을 이뤄야 하는 것입니다. 크리스천은 세상 속에서 살아가야 합니다. 기독교는 도피하는 신앙이 아니기 때문입니다. 그러나 세상이 결코 우리 안으로 들어오지 못하게 해야 합니다. 우리는 세상 속에 있으나 세상에 속하지 않도록 거룩한 긴장감을 가지고, 균형감 있게 살아야 합니다.

3) 말씀 사역

① 복음주의 : 닫힌 말씀

신구약 성경의 권위와 강해 설교와 말씀 묵상(큐티)을 강조합니다. 최고의 안전장치는 성경이라고 말하고, 예언은 그 다음에 오게 됩니다.

성도들은 목회자의 설교를 통해서 하나님의 말씀을 듣기도 하지만, 동시에 자신이 직접 말씀을 읽고 묵상함으로써 하나님의 음성을 들을 수 있습니다. 그것을 큐티(Quiet Time), 혹은 말씀 묵상이라고 합니다.

> 큐티(Quiet Time)는 그리스도인이 일상생활에서 구별하여 개인적으로 고요한 시간을 마련함으로 하나님의 임재를 느끼고 그분의 음성을 듣는 시간입니다. 이른바 신앙정서에 부합된 거룩한 시간이며 하나님과 은밀히 친교하는 묵상의 시간이라고 정의할 수 있습니다. 큐티는 말씀 묵상이라고도 합니다.

복음주의 교회는 성경본문에 충실한 강해설교와 함께, 귀납법식 성경공부, 평신도 말씀 묵상 큐티훈련을 체계적으로 가르침으로써 흔들리지 않는 단단한 신앙의 기초를 닦게 합니다.

② 은사주의 : 열린 말씀

(행 2:18)

'오늘도 말씀하시는 하나님'을 강조합니다. 그래서 다양한 채널을 통한 '하나님의 음성 듣기'를 합니다.

은사주의자들은 성경 말씀이 중요하지만, 하나님께서 기도, 환경, 믿음의 공동체와 같이 다양한 채널을 통해서 지금도 말씀하고 계신다고 가르치며, 특히 예언의 은사를 강조합니다.

QUESTION

적용 질문

소그룹 공동체의 식구가 문득 나를 보면서 생각하는 성경 말씀을 전해주었는데 현재 내 상황에 딱 들어맞으며 하나님의 위로와 감동을 느낀다면 그것이 예언입니다. 이런 경험이 있다면 나눠주십시오.

4) 기도 사역

① 복음주의 : 말씀으로 기도하라

말씀의 신실함을 의지하며 철저히 말씀을 기반으로 하여 기도하는 것을 강조합니다.

② 은사주의 : 영적 전쟁의 수단

영적 전쟁의 수단으로서 기도하는 것을 강조합니다.

복음주의가 말씀의 중요성을 세계 교회에 뿌리내리게 했다면 은사주의의 가장 큰 공로는 기도운동에 불을 붙인 것입니다.

5) 치유 사역

① 복음주의 : 내 은혜가 네게 족하도다

(고후 12:9)

하나님께서 고쳐주지 않으시는 병이 있음을 인정해야 합니다. 우리는 하나님의 거절까지도 하나님의 섭리로 알고 받아들일 수 있어야 합니다.

② 은사주의 : 병든 자를 치유하는 기도

(약 5:14-16)

하나님의 나라가 이미 세상에 임했다고 믿는 은사주의 교회에서는 무엇보다도 열심히 병자들을 치유하는 기도를 합니다. 동일한 성령께서 오늘날 우리 안에도 계십니다. 교회의 목회자, 평신도 리더들, 모든 교회의 지체들은 서로 병든 자를 위하여 치유기도를 해야 합니다.

6) 영적 성장의 방법과 과정

① 복음주의 : 하나님께 순종하는 삶
성령세례는 우리가 구원받는 그 순간에 같이 주어지는 것이라고 가르칩니다. 영적 성장은 믿음의 길을 꾸준히 걸으며 지속적으로 복종하는 과정이라고 믿습니다.

② 은사주의 : 하나님을 체험하는 삶

복음주의에서 삶에서의 순종이 키워드였다면 은사주의는 체험적 신앙이 핵심입니다.

성령세례라는 극적인 순간, 특별한 구원의 경험, 하나님 체험에 초점을 맞춥니다. 성령세례는 회심 뒤에 따로 또 받아야 하는 것이라고 가르칩니다. 은사주의는 이것을 '두 번째 축복'(Second Blessing)이라고 합니다.

말씀과 성령의 교회, 복음주의와 은사주의는 각각 다른 측면을 더 강조할 뿐입니다. 둘 다 옳습니다. 강렬한 체험과 기적을 인정하지만, 매일매일의 성실한 제자의 삶, 순종의 삶을 영적 성장의 근간으로 지켜나가야 합니다.

7) 예배

① 복음주의 : 초월의 하나님(transcendence)

복음주의자들은 건전한 교리에 입각한 찬송가를 많이 지어 불렀습니다. 특히 하나님의 위대하심에 찬양의 초점을 맞춥니다.

② 은사주의 : 내재하시는 하나님(immanence)

하나님을 체험하고 하나님과의 친밀함에 찬양의 초점을 맞춥니다.

믿음의 전통을 가진 찬송가를 보완하면서, 새로운 성령의 감동이 있는 CCM을 통해 예배찬양에 불을 붙였습니다. 하나님과의 친밀한 관계를 갈망하는 신세대의 열망을 대변하는 새로운 예배음악이 탄생한 것입니다. 한 세대 전인 7-80년대만 해도 윌로크릭 교회의 빌 하이벨스처럼 하나님을 믿지 않는 구도자들을 위한 예배와 기성 신자를 위한 예배를 따로 구분하는 것이 효과가 있었습니다. 그러나, 이 세대는 말씀을 통한 사랑의 이야기를 듣고 싶어하고, 경험할 수 있는 하나님을 찾고 있습니다. 말씀과 성령의 교회는 바로 이 두 가지를 다 가능하게 합니다. 신자와 불신자를 다 끌어 안을 수 있는 것입니다.

8) 소그룹의 중요성

소그룹의 중요성은 아무리 강조해도 부족합니다   교회가 커질수록 소그룹을 활성화 시켜야합니다. 소그룹은 주님이 보여주신 모델이기도 합니다. 그런데 소그룹의 중요성에 대해서는 모두가 동의하지만, 복음주의와 은사주의는 소그룹을 활용하는 목적이 서로 다릅니다.

① 복음주의 : 말씀 나눔

소그룹을 통해 성경 공부를 하며 말씀 적용을 나눕니다.

② 은사주의 : 기도 나눔

소그룹으로 모여 함께 기도하는 일에 힘씁니다.

소그룹이 말씀을 나누는 곳인 동시에 서로 뜨겁게 기도하는 그룹이 될 것을 장려합니다. 함께 모여 서로 기도하지 않는 그룹은 차갑고 메말라 가게 될 것이고, 말씀을 중심으로 모이지 않는 소그룹은 방향을 잃고 헤매게 될 것입니다. 말씀을 나누며 기도하고, 기도하며 말씀을 나누는 균형잡힌 소그룹이 되어야 합니다.

3. 복음주의와 은사주의의 완성

복음주의와 은사주의의 완성은 　　　　　입니다.

(고전 13:1)

1) 교회의 덕을 세움

(고전 14:3,4)

모든 은사는 교회의 덕을 세우기 위해 주신 것입니다.

2) 공동체의 분별력을 통한 절제

(고전 14:29)

복음주의가 강조하는 말씀 사역도 자칫 잘못하면 서로를 평가하고 공격하는 도구가 될 수 있습니다. 교회는 스스로 '영적 고수'라고 생각하는 사람들 때문에 시험이 들고 분열이 일어납니다. 우리는 알수록 겸손해야 하고, 우리의 지식은 서로를 사랑하고 교회에 덕을 끼치도록 사용해야 합니다.

21세기 한국교회가 지향해야 할 목회 철학은 바로 말씀과 성령이 균형을 이룬 '기름부으심이 있는 복음주의'입니다.

당신의 신앙은 어느 쪽에 치우쳐 있었나요? 신앙의 균형을 이루기 위해 어떤 노력이 필요하다고 생각하는지 나눠주십시오.

12과 암송 구절

그러므로 너희 죄를 서로 고백하며
병이 낫기를 위하여 서로 기도하라
의인의 간구는 역사하는 힘이 큼이니라
야고보서 5장 16절

내가 사람의 방언과 천사의 말을 할지라도
사랑이 없으면 소리 나는 구리와 울리는 꽹과리가 되고
고린도전서 13장 1절

※ 이 과는 더그 배니스터의 《훌륭한 교회에서 위대한 교회로》(규장 간)를 참고로 했음을 밝힙니다.

말씀과 성령, 복음주의와 은사주의

성경에서 말하는 좋은 교회는 말씀과 성령이 조화를 이룬 교회입니다(행 4:29-31 참조). 교회에는 말씀을 강조하는 '복음주의 교회'와 성령을 강조하는 '은사주의 교회'가 있습니다. 복음주의는 '기독교적 세계관'을 강조하며 혁명으로 세상을 뒤집는 것이 아니라, 견뎌내는 영성과 인내와 절제의 영성을 가르칩니다. 은사주의는 교회가 주님의 신부로서 순결과 거룩을 지키며 주님의 군대가 되어 세상과 싸우는 공격적이고 개척적인 영성을 가르칩니다.

닫힌 말씀과 열린 말씀

복음주의는 신구약 성경 66권의 권위를 절대적으로 존중하며 하나님이 우리에게 말씀하시는 가장 중요한 수단이 성경이라고 가르칩니다. 반면에 은사주의는 하나님이 우리 각자에게 그분의 음성을 들려주신다는 사실을 가르치며 예언의 은사를 강조합니다. 복음주의가 말씀의 중요성을 세계 교회에 뿌리내리게 했다면, 은사주의는 기도 운동에 불을 붙였고, 병든 자를 치유하는 기도에 집중했습니다. 말씀과 기도는 서로를 날카롭게 해주는 파트너입니다.

복음주의와 은사주의의 완성

복음주의와 은사주의는 각각 다른 측면을 더 강조하는 것일 뿐, 둘 다 맞습니다. 우리에게는 양면이 다 필요합니다. 세상으로부터 도피하지 않으면서 세상에 물들지 않는 거룩한 긴장감이 필요합니다. 말씀과 성령이 조화를 이룬 균형 잡힌 영성을 추구하는 교회는 최고의 안전장치인 성경 말씀의 권위 아래 들어가 교회 공동체의 검증을 받습니다. 성실한 제자의 삶과 순종의 삶을 영적 근간으로 삼아 체험과 기적을 인정하며 뜨거운 기도를 합니다. 말씀과 성령의 교회는 사랑으로 완성됩니다. 우리는 말씀과 성령이 조화를 이룬 균형 잡힌 영성을 추구하며, 서로를 품어주는 따뜻한 교회를 만들어가야 합니다.

기독교 에센스 워크북(CES 멘티용)

초판 1쇄 발행　2014년 6월 12일
초판 25쇄 발행　2025년 3월 25일

지은이　한홍

펴낸이　여진구
편집　이영주 박소영 최현수 구주은 안수경 김도연 김아진 정아혜
책임디자인　마영애 노지현 조은혜 정은혜
홍보 · 외서　진효지
마케팅　김상순 강성민　　마케팅지원　최영배 정나영
제작　조영석 허병용　　경영지원　김혜경 김경희

303비전성경암송학교 유니게 과정
이슬비전도학교 / 303비전성경암송학교 / 303비전꿈나무장학회

펴낸곳　규장

주소　06770 서울시 서초구 매헌로 16길 20(양재2동) 규장선교센터
전화　02)578-0003　　팩스　02)578-7332
이메일　kyujang0691@gmail.com　　홈페이지　www.kyujang.com
페이스북　facebook.com/kyujangbook　　인스타그램　instagram.com/kyujang_com
카카오스토리　story.kakao.com/kyujangbook
등록일　1978.8.14. 제1-22

ⓒ 저자와의 협약 아래 인지는 생략되었습니다.
이 출판물은 저작권법에 의해 보호를 받는 저작물이므로 무단 전재와 무단 복제를 할 수 없습니다.

책값　뒤표지에 있습니다.
ISBN　978-89-6097-354-1　04230
　　　978-89-6097-353-4　(세트)

규 | 장 | 수 | 칙

1. 기도로 기획하고 기도로 제작한다.
2. 오직 그리스도의 성품을 사모하는 독자가 원하고 필요로 하는 책만을 출판한다.
3. 한 활자 한 문장에 온 정성을 쏟는다.
4. 성실과 정확을 생명으로 삼고 일한다.
5. 긍정적이며 적극적인 신앙과 신행일치에의 안내자의 사명을 다한다.
6. 충고와 조언을 항상 감사로 경청한다.
7. 지상목표는 문서선교에 있다.

하나님을 사랑하는 자 곧 그의 뜻대로 부르심을 입은 자들에게는 모든 것이 合力하여 善을 이루느니라(롬 8:28)

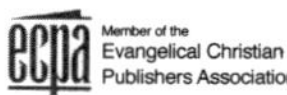

규장은 문서를 통해 복음전파와 신앙교육에 주력하는 국제적 출판사들의 협의체인 복음주의출판협회(E.C.P.A:Evangelical Christian Publishers Association)의 출판정신에 동참하는 회원(Associate Member)입니다.

한 사람이 순종하지 아니함으로
많은 사람이 죄인 된 것같이
한 사람이 순종하심으로
많은 사람이 의인이 되리라

로마서 5장 19절

죄의 삯은 사망이요 하나님의 은사는
그리스도 예수 우리 주 안에 있는 영생이니라

로마서 6장 23절

그러므로 믿음은 들음에서 나며
들음은 그리스도의 말씀으로 말미암았느니라

로마서 10장 17절

하나님이 우리를 사랑하시는 사랑을 우리가 알고 믿었노니
하나님은 사랑이시라 사랑 안에 거하는 자는
하나님 안에 거하고 하나님도 그의 안에 거하시느니라

요한일서 4장 16절

하나님이 세상을 이처럼 사랑하사 독생자를 주셨으니
이는 그를 믿는 자마다 멸망하지 않고
영생을 얻게 하려 하심이라

요한복음 3장 16절

보혜사 곧 아버지께서 내 이름으로 보내실 성령
그가 너희에게 모든 것을 가르치고
내가 너희에게 말한 모든 것을 생각나게 하리라

요한복음 14장 26절

구원

LESSON 2

영접하는 자 곧 그 이름을 믿는 자들에게는
하나님의 자녀가 되는 권세를 주셨으니

요한복음 1장 12절

원죄

LESSON 1

아담 안에서 모든 사람이 죽은 것 같이
그리스도 안에서 모든 사람이 삶을 얻으리라

고린도전서 15장 22절

성부
하나님

LESSON 4

너의 하나님 여호와가 너의 가운데에 계시니
그는 구원을 베푸실 전능자이시라
그가 너로 말미암아 기쁨을 이기지 못하시며
너를 잠잠히 사랑하시며
너로 말미암아 즐거이 부르며 기뻐하시리라 하리라

스바냐서 3장 17절

믿음

LESSON 3

믿음이 없이는 하나님을 기쁘시게 하지 못하나니
하나님께 나아가는 자는 반드시 그가 계신 것과
또한 그가 자기를 찾는 자들에게
상 주시는 이심을 믿어야 할지니라

히브리서 11장 6절

성령
하나님

LESSON 6

오직 성령의 열매는
사랑과 희락과 화평과 오래 참음과
자비와 양선과 충성과 온유와 절제니
이 같은 것을 금지할 법이 없느니라

갈라디아서 5장 22,23절

성자
하나님

LESSON 5

시몬 베드로가 대답하여 이르되
주는 그리스도시요 살아 계신 하나님의 아들이시니이다

마태복음 16장 16절

교회

LESSON 7

오직 사랑 안에서 참된 것을 하여
범사에 그에게까지 자랄지라 그는 머리니 곧 그리스도라

에베소서 4장 15절

기도와
말씀
묵상

LESSON 8

하나님의 말씀은 살아 있고
활력이 있어 좌우에 날선 어떤 검보다도 예리하여
혼과 영과 및 관절과 골수를 찔러 쪼개기까지 하며
또 마음의 생각과 뜻을 판단하나니

히브리서 4장 12절

영적
전쟁

LESSON 9

우리의 씨름은 혈과 육을 상대하는 것이 아니요
통치자들과 권세들과 이 어둠의 세상 주관자들과
하늘에 있는 악의 영들을 상대함이라

에베소서 6장 12절

종말론

LESSON 10

서로 돌아보아 사랑과 선행을 격려하며
모이기를 폐하는 어떤 사람들의 습관과 같이 하지 말고
오직 권하여 그날이 가까움을 볼수록 더욱 그리하자

히브리서 10장 24,25절

사명

LESSON 11

그러므로 너희는 가서 모든 민족을 제자로 삼아
아버지와 아들과 성령의 이름으로 세례를 베풀고
내가 너희에게 분부한 모든 것을 가르쳐 지키게 하라
볼지어다 내가 세상 끝날까지
너희와 항상 함께 있으리라 하시니라

마태복음 28장 19,20절

말씀과
성령의
교회

LESSON 12

그러므로 너희 죄를 서로 고백하며
병이 낫기를 위하여 서로 기도하라
의인의 간구는 역사하는 힘이 큼이니라

야고보서 5장 16절

LESSON 7

교회

또 내가 네게 이르노니 너는 베드로라
내가 이 반석 위에 내 교회를 세우리니
음부의 권세가 이기지 못하리라
내가 천국 열쇠를 네게 주리니
네가 땅에서 무엇이든지 매면 하늘에서도 매일 것이요
네가 땅에서 무엇이든지 풀면 하늘에서도 풀리리라 하시고

마태복음 16장 18,19절

LESSON 8

기도와 말씀 묵상

주의 말씀의 맛이 내게 어찌 그리 단지요
내 입에 꿀보다 더 다니이다
주의 법도들로 말미암아 내가 명철하게 되었으므로
모든 거짓 행위를 미워하나이다
주의 말씀은 내 발에 등이요 내 길에 빛이니이다

시편 119편 103-105절

LESSON 9

영적 전쟁

그런즉 너희는 하나님께 복종할지어다
마귀를 대적하라
그리하면 너희를 피하리라

야고보서 4장 7절

LESSON 10

종말론

지혜 있는 자는 궁창의 빛과 같이 빛날 것이요
많은 사람을 옳은 데로 돌아오게 한 자는
별과 같이 영원토록 빛나리라

다니엘서 12장 3절

LESSON 11

사명

이같이 너희 빛이 사람 앞에 비치게 하여
그들로 너희 착한 행실을 보고
하늘에 계신 너희 아버지께 영광을 돌리게 하라

마태복음 5장 16절

LESSON 12

말씀과 성령의 교회

내가 사람의 방언과 천사의 말을 할지라도
사랑이 없으면
소리 나는 구리와 울리는 꽹과리가 되고

고린도전서 13장 1절